Książka Kulinarne
Sztuka Wolnego Gotowania

Marta Nowakowska

Spis treści

Crockpot Kurczak i Kiełbasa 23

SKŁADNIKI 23

PRZYGOTOWANIE 23

Grill z kurczakiem Crockpot 25

SKŁADNIKI 25

PRZYGOTOWANIE 25

Kurczak Pieczony Czosnkowo 26

SKŁADNIKI 26

PRZYGOTOWANIE 26

Chow Mein z kurczaka w garnku 28

SKŁADNIKI 28

PRZYGOTOWANIE 28

Crockpot Kurczak Cordon Bleu 30

SKŁADNIKI 30

PRZYGOTOWANIE 30

Crockpot Kurczak Cordon Bleu 32

SKŁADNIKI 32

PRZYGOTOWANIE 32

Obiad z Kurczakiem Crockpot Z Wędzoną Papryką I Warzywami 33

SKŁADNIKI 33

PRZYGOTOWANIE 33

Enchilady z kurczaka w garnku 35

SKŁADNIKI 35

PRZYGOTOWANIE 35

Przepis na fricassee z kurczakiem Crockpot 36

SKŁADNIKI 36

PRZYGOTOWANIE 37

Lasagne z kurczakiem w garnku 39

SKŁADNIKI 39

PRZYGOTOWANIE 39

Zapiekanka z kurczakiem typu Crockpot Reuben 41

SKŁADNIKI 41

PRZYGOTOWANIE 41

Kurczak Robusto w garnku 42

SKŁADNIKI 42

PRZYGOTOWANIE 42

Kurczak Crockpot Z Karczochami 43

SKŁADNIKI 43

PRZYGOTOWANIE 43

Kurczak Crockpot z musztardą Dijon 45

SKŁADNIKI 45

PRZYGOTOWANIE 45

Crockpot Kurczak Z Makaronem 46

SKŁADNIKI 46

PRZYGOTOWANIE 46

Crockpot Kurczak Z Ryżem 47

SKŁADNIKI 47

PRZYGOTOWANIE 47

Crockpot Kurczak Z Pomidorami 48

SKŁADNIKI 48

PRZYGOTOWANIE 48

Przepis na kurczaka Crockpot Cola 49

SKŁADNIKI 49

PRZYGOTOWANIE 49

Crockpot Kurczak z czosnkiem i tymiankiem 50

SKŁADNIKI 50

PRZYGOTOWANIE 50

Crockpot Ziołowy Kurczak Z Nadzieniem 51

SKŁADNIKI 51

PRZYGOTOWANIE 51

Kurczak Nadziewany Crockpot 53

SKŁADNIKI 53

PRZYGOTOWANIE 54

Przepis na kurczaka słodko-kwaśnego Crockpot 55

SKŁADNIKI 55

PRZYGOTOWANIE 55

Kurczak cytrynowy Dawn 57

SKŁADNIKI 57

PRZYGOTOWANIE 57

Debbie's Crockpot z kurczakiem i farszem 58

SKŁADNIKI 58

PRZYGOTOWANIE 58

Kurczak Diany a la King 60

SKŁADNIKI 60

PRZYGOTOWANIE 60

Koperkowany Kurczak I Warzywa 61

SKŁADNIKI 61

PRZYGOTOWANIE 61

Przepis Dona na słodko-kwaśnego kurczaka 62

SKŁADNIKI 62

PRZYGOTOWANIE 62

Łatwy tandetny kurczak w powolnej kuchence 64

SKŁADNIKI 64

PRZYGOTOWANIE 64

Łatwy kurczak z migdałami 65

SKŁADNIKI 65

PRZYGOTOWANIE 65

Łatwy Kurczak Z Ziemniakami 67

SKŁADNIKI 67

PRZYGOTOWANIE 67

Łatwy Crockpot z kurczakiem i warzywami 68

SKŁADNIKI 68

PRZYGOTOWANIE 68

Łatwy kurczak w garnku Santa Fe od Cindy 70

SKŁADNIKI 70

PRZYGOTOWANIE 70

Łatwy kurczak Crockpot z makaronem 71

SKŁADNIKI 71

PRZYGOTOWANIE 71

Łatwy Kurczak Pepper Jack w Crockpot 72

SKŁADNIKI 72

PRZYGOTOWANIE 72

Łatwy włoski przyprawiony kurczak 73

SKŁADNIKI 73

PRZYGOTOWANIE 73

Łatwy kurczak Pepper Jack 74

SKŁADNIKI 74

PRZYGOTOWANIE 74

Łatwe nadziewane roladki z kurczaka 75

SKŁADNIKI 75

PRZYGOTOWANIE 75

Ulubiony przepis na chili z białym kurczakiem 77

SKŁADNIKI 77

PRZYGOTOWANIE 77

Czosnkowy Kurczak Alfredo 79

SKŁADNIKI 79

PRZYGOTOWANIE 79

Kurczak po grecku z piersią z kurczaka i pomidorami, szybkowar 80

SKŁADNIKI 80

PRZYGOTOWANIE 80

Kurczak ziołowy z dzikim ryżem, wolnowar 82

SKŁADNIKI 82

PRZYGOTOWANIE 82

Kurczak z miodem i imbirem 84

SKŁADNIKI 84

PRZYGOTOWANIE 84

Gorący i kwaśny kurczak, wolnowar 85

SKŁADNIKI 85

PRZYGOTOWANIE 85

Włoski kurczak z brokułami i sosem śmietanowym 86

SKŁADNIKI 86

PRZYGOTOWANIE 86

Kurczak po włosku ze spaghetti, wolnowar 88

SKŁADNIKI 88

PRZYGOTOWANIE 88

Kurczak Cordon Bleu z wolnowaru Karla 90

SKŁADNIKI 90

PRZYGOTOWANIE 90

Kurczak słodko-kwaśny Kathy 91

SKŁADNIKI 91

PRZYGOTOWANIE 91

Leniwy Kurczak Z Grzybami 92

SKŁADNIKI 92

PRZYGOTOWANIE 92

Piersi z kurczaka z cytryną i rozmarynem 93

SKŁADNIKI 93

PRZYGOTOWANIE 93

Lekki Strogonow z kurczaka 94

SKŁADNIKI 94

PRZYGOTOWANIE 94

Kurczak w glazurze Lori's Crockpot 96

SKŁADNIKI 96

PRZYGOTOWANIE 97

Kurczak Marie w winie 98

SKŁADNIKI 98

PRZYGOTOWANIE 98

Kurczak w curry z marmoladą 99

SKŁADNIKI 99

PRZYGOTOWANIE 99

Kurczak w stylu śródziemnomorskim 100

SKŁADNIKI 100

PRZYGOTOWANIE 100

Kurczak słodko-kwaśny Michelle, wolnowar 102

SKŁADNIKI 102

PRZYGOTOWANIE 102

Nacho serowy kurczak 104

SKŁADNIKI 104

PRZYGOTOWANIE 104

Nancy Łatwy Kurczak 105

SKŁADNIKI 105

PRZYGOTOWANIE 105

Przepis na kurczaka pomarańczowego, wolnowar 106

SKŁADNIKI 106

PRZYGOTOWANIE 106

Kremowy kurczak i ryż Paige, wolnowar 107

SKŁADNIKI 107

PRZYGOTOWANIE 107

Kurczak Paprykowy Z Kluseczkami 109

SKŁADNIKI 109

• Pierogi 109

PRZYGOTOWANIE 110

Kremowy Kurczak Pat's 111

SKŁADNIKI 111

PRZYGOTOWANIE 111

Kurczak Peachy-Keen 112

SKŁADNIKI 112

PRZYGOTOWANIE 112

Prowincjonalny przepis na kurczaka 113

SKŁADNIKI 113

PRZYGOTOWANIE 113

Duszony Kurczak Rose-Marie 115

SKŁADNIKI 115

PRZYGOTOWANIE 115

Kurczak w stylu rustykalnym z grzybami i pomidorami 117

SKŁADNIKI 117

PRZYGOTOWANIE 117

Kurczak Sally Z Oliwkami 118

SKŁADNIKI 118

PRZYGOTOWANIE 118

Kurczak cytrynowy z wolnowaru 119

SKŁADNIKI 119

PRZYGOTOWANIE 119

Nadziewane piersi z kurczaka w powolnej kuchence 120

SKŁADNIKI 120

PRZYGOTOWANIE 120

Wolno Gotowany Kurczak Dijon 122

SKŁADNIKI 122

PRZYGOTOWANIE 122

Hiszpański kurczak z oliwkami i pomidorami 123

SKŁADNIKI 123

PRZYGOTOWANIE 123

Pikantny Kurczak Crockpot Z Sosem Marmoladowym Chipotle 124

SKŁADNIKI 124

PRZYGOTOWANIE 124

Przepis na szwajcarską zapiekankę z kurczaka, garnek 126

SKŁADNIKI 126

PRZYGOTOWANIE 126

Kurczak Miodowo-Musztardowy Tami's 127

SKŁADNIKI 127

PRZYGOTOWANIE 127

Kurczak z papryczką cytrynową Tami, wolnowar 128

SKŁADNIKI 128

PRZYGOTOWANIE 128

Tawny's Crock „Pop" Kurczak 129

SKŁADNIKI 129

PRZYGOTOWANIE 129

Białe Chili Z Kurczakiem 130

SKŁADNIKI 130

PRZYGOTOWANIE 131

Will's Chicken Chili do wolnowaru 132

SKŁADNIKI 132

• opcjonalne dodatki 132

PRZYGOTOWANIE 133

Grube chilli z indyka 134

SKŁADNIKI 134

PRZYGOTOWANIE 134

Pierś z indyka żurawinowo-jabłkowego 136

SKŁADNIKI 136

PRZYGOTOWANIE 136

Pierś z Indyka Z Sosem Pomarańczowo-Żurawinowym 138

SKŁADNIKI 138

PRZYGOTOWANIE 138

Indyk żurawinowy w garnku 140

SKŁADNIKI 140

PRZYGOTOWANIE 140

Crockpot Indyk Z Kwaśną Śmietaną 141

SKŁADNIKI 141

PRZYGOTOWANIE 141

Kanapki z Indykiem 143

SKŁADNIKI 143

PRZYGOTOWANIE 143

Crockpot Indyk Z Czosnkiem 144

SKŁADNIKI 144

PRZYGOTOWANIE 144

Mielony sos do makaronu z indykiem 145

SKŁADNIKI 145

PRZYGOTOWANIE 146

Mielony Indyk Niechlujny Joes 147

SKŁADNIKI 147

PRZYGOTOWANIE 147

Łatwy w powolnej kuchence Cassoulet 149

SKŁADNIKI 149

PRZYGOTOWANIE 149

Grillowane na wyspie nogi indyka 151

SKŁADNIKI 151

PRZYGOTOWANIE 151

Pierś z indyka z ziołami cytrynowymi 153

SKŁADNIKI 153

PRZYGOTOWANIE 153

Indyk wolnowarowy i dziki ryż 154

SKŁADNIKI 154

PRZYGOTOWANIE 154

Wolno Gotowany Indyk I Warzywa 156

SKŁADNIKI 156

PRZYGOTOWANIE 156

Polędwiczki z piersi indyka z sosem pomarańczowo-żurawinowym 158

SKŁADNIKI 158

PRZYGOTOWANIE 158

Indyk Z Słodkiego Ziemniaka 159

SKŁADNIKI 159

PRZYGOTOWANIE 159

Crock Pot z indykiem i ryżem 161

SKŁADNIKI 161

PRZYGOTOWANIE 161

Łatwa, wolno gotowana pierś z indyka 162

SKŁADNIKI 162

PRZYGOTOWANIE 162

Ciasto Tamale z Mielonym Indykiem 163

SKŁADNIKI 163

PRZYGOTOWANIE 163

Indyk Grill 164

SKŁADNIKI 164

PRZYGOTOWANIE 164

Crockpot z indykiem i quesadillas 165

SKŁADNIKI 165

PRZYGOTOWANIE 165

Pierś z Indyka Z Marmoladą 167

SKŁADNIKI 167

PRZYGOTOWANIE 167

Zapiekanka z indyka i brokułów w powolnej kuchence 168

SKŁADNIKI 168

PRZYGOTOWANIE 168

Ciasto z indyka w powolnej kuchence 170

SKŁADNIKI 170

PRZYGOTOWANIE 170

Indyk Z Sosem 172

SKŁADNIKI 172

PRZYGOTOWANIE 172

Turcja Madera 173

SKŁADNIKI 173

PRZYGOTOWANIE 173

Uda z indyka rancza 174

SKŁADNIKI 174

PRZYGOTOWANIE 174

Zapiekanka z indykiem i ryżem Crockpot 176

SKŁADNIKI 176

PRZYGOTOWANIE 176

Gulasz z Indyka Z Pieczarkami I Śmietaną 177

SKŁADNIKI 177

PRZYGOTOWANIE 177

Easy Crockpot Tetrazzini z indyka 179

SKŁADNIKI 179

PRZYGOTOWANIE 179

Sos Spaghetti Vickie z kiełbaską z indyka 181

SKŁADNIKI 181

PRZYGOTOWANIE 182

Pierś z indyka duszona w winie 183

SKŁADNIKI 183

PRZYGOTOWANIE 183

Jabłkowa Betty 185

SKŁADNIKI 185

PRZYGOTOWANIE 185

masło jabłkowe 186

SKŁADNIKI 186

PRZYGOTOWANIE 186

xJablkowo-kokosowy chrupek 187

SKŁADNIKI 187

PRZYGOTOWANIE 187

Chrupki Jabłkowo-Żurawinowe 189

SKŁADNIKI 189

PRZYGOTOWANIE 189

Kompot Jabłkowo-Żurawinowy 190

SKŁADNIKI 190

PRZYGOTOWANIE 190

Pudding jabłkowo-daktylowy 191

SKŁADNIKI 191

PRZYGOTOWANIE 191

Sernik Jabłkowo-Orzechowy 193

SKŁADNIKI 193

• Pożywny: 193

• Byczy: 193

PRZYGOTOWANIE 194

Ciasto kawowe z jabłkami 196

SKŁADNIKI 196

PRZYGOTOWANIE 196

Ciasto Jablkowe 198

SKŁADNIKI 198

PRZYGOTOWANIE 198

Chleb Orzechowo-Molowy 200

SKŁADNIKI 200

PRZYGOTOWANIE 200

pieczone jabłka 202

SKŁADNIKI 202

PRZYGOTOWANIE 202

Pieczone Jabłka II 203

SKŁADNIKI 203

PRZYGOTOWANIE 203

Pieczony krem 204

SKŁADNIKI 204

PRZYGOTOWANIE 204

Bananowy chleb 205

SKŁADNIKI 205

PRZYGOTOWANIE 206

Chleb Bananowo Orzechowy 207

SKŁADNIKI 207

PRZYGOTOWANIE 207

Kandyzowane banany 208

SKŁADNIKI 208

PRZYGOTOWANIE 208

Jabłka Karmelowe 209

SKŁADNIKI 209

PRZYGOTOWANIE 209

Fondue z karmelowym rumem 211

SKŁADNIKI 211

PRZYGOTOWANIE 211

Wiśniowy Chrupek 212

SKŁADNIKI 212

PRZYGOTOWANIE 212

Klastry Czekoladowe 213

SKŁADNIKI 213

PRZYGOTOWANIE 213

Crockpot Kurczak i Kiełbasa

SKŁADNIKI

- 3 marchewki, pokrojone w 1/2-calowe plasterki
- 1/2 szklanki posiekanej cebuli
- 1/2 szklanki wody
- 1 (6 uncji) puszka koncentratu pomidorowego
- 1/2 szklanki wytrawnego czerwonego wina
- 1 łyżeczka czosnku w proszku
- 1/2 łyżeczki suszonego tymianku, rozgniecionego
- 1/8 łyżeczki zmielonych goździków
- 1 liść laurowy
- 2 (15 uncji) puszki fasoli granatowej, odsączone
- 4 połówki piersi kurczaka bez kości i skóry
- 1/2 funta w pełni ugotowanej polskiej kiełbasy lub innej wędzonej kiełbasy, pokrojonej w plasterki o grubości 1/4 cala

PRZYGOTOWANIE

1. W małym rondlu zagotuj marchewkę, cebulę i wodę. Dusić pod przykryciem 5 minut. Przenieść do garnka o pojemności od 3 1/2 do 4 litrów. Wymieszaj koncentrat pomidorowy, wino i przyprawy; dodać fasolę. Połóż kurczaka na mieszance fasoli. Połóż kiełbasę na kurczaku. Okładka. Gotuj na małym ogniu przez 6 do 8 godzin lub na dużym ogniu przez 3 do 4 godzin. Przed podaniem usuń liście laurowe i usuń tłuszcz.
2. Podawać jako gulasz lub z gorącym ugotowanym ryżem.

3. 4 do 6 porcji.

Grill z kurczakiem Crockpot

SKŁADNIKI

- 1 w. Keczup

- 1/2 w. syrop o smaku klonowym

- 2 łyżki stołowe. przygotowana musztarda żółta

- 2 łyżki stołowe. sos Worcestershire

- 2 łyżeczki sok cytrynowy

- 1/2 łyżeczki chili w proszku

- 1/4 łyżeczki czosnek w proszku

- 4 piersi z kurczaka bez kości, pozbawione skóry lub mieszanka piersi i udek z kurczaka

PRZYGOTOWANIE

1. Umieść wszystkie składniki w powolnej kuchence i gotuj na małym ogniu przez około 6 godzin lub do momentu, aż kurczak będzie ugotowany. Wyjmij mięso, rozdrobnij i wróć do sosu. Umieścić na bułkach na kanapki lub podawać z gorącym ryżem.
2. Porcja od 4 do 6.

Kurczak Pieczony Czosnkowo

SKŁADNIKI

- 1 mały (4 do 5 funtów) pieczony kurczak
- sól i pieprz
- papryka
- 4 ząbki czosnku, posiekane
- 4 uncje masła (1 sztyft)
- 1/2 szklanki bulionu z kurczaka

PRZYGOTOWANIE

1. Posyp kurczaka wewnątrz i na zewnątrz solą, pieprzem i papryką. Włóż połowę czosnku do wgłębienia, a resztę połóż na zewnątrz ptaka.

2. Włóż kurczaka do wolnowaru i połóż kilka plasterków masła na piersiach.

3. Dodaj pozostałe składniki i gotuj na poziomie HIGH przez 1 godzinę.

4. Zmniejsz temperaturę do LOW i gotuj jeszcze przez 5 do 7 godzin, aż sok będzie miękki i klarowny.

5. Podawaj z kurczakiem sos maślany czosnkowy.

Chow Mein z kurczaka w garnku

SKŁADNIKI

- 1 1/2 funta piersi z kurczaka bez kości, pokrojonych na 1-calowe kawałki
- 1 łyżka oleju roślinnego
- 1 1/2 szklanki posiekanego selera
- 1 1/2 szklanki posiekanej marchewki
- 6 posiekanych zielonych cebul
- 1 szklanka bulionu z kurczaka
- 1/3 szklanki sosu sojowego
- 1/4 łyżeczki mielonej czerwonej papryki lub do smaku
- 1/2 łyżeczki mielonego imbiru
- 1 ząbek czosnku, drobno posiekany
- 1 puszka (około 12 do 15 uncji) kiełków fasoli, odsączonych
- 1 puszka (8 uncji) pokrojonych w plasterki kasztanów wodnych, odsączonych
- 1/4 szklanki skrobi kukurydzianej
- 1/3 szklanki wody

PRZYGOTOWANIE

1. Na dużej patelni podsmaż kawałki kurczaka na brązowo. Włóż zrumienionego kurczaka do wolnowaru. Dodaj pozostałe składniki oprócz skrobi kukurydzianej i wody. Zamieszać. Przykryj i gotuj na poziomie LOW przez 6 do 8

godzin. Ustaw wolnowar na WYSOKI. W małej misce wymieszaj skrobię kukurydzianą i wodę, mieszając, aż się rozpuszczą i będą gładkie. Wmieszać do płynów wolnowarowych. Trzymając pokrywę lekko uchyloną, aby umożliwić ujście pary, gotuj, aż zgęstnieje, około 20 do 30 minut.
2. Podawać z ryżem lub makaronem chow mein. Można podwoić za 5 qt. wolnowar/garnki.

Crockpot Kurczak Cordon Bleu

SKŁADNIKI

- 6 połówek piersi kurczaka
- 6 plasterków szynki
- 6 plasterków sera szwajcarskiego
- 1/2 s. mąka
- 1/2 s. parmezan
- 1/2 łyżeczki. sól
- 1/4 łyżeczki. pieprz
- 3 łyżki oleju
- 1 puszka kremu z rosołu
- 1/2 szklanki wytrawnego białego wina

PRZYGOTOWANIE

1. Umieść każdą połówkę piersi kurczaka pomiędzy kawałkami plastikowego opakowania i delikatnie ubij, aby spłaszczyć ją na równą grubość. Na każdą pierś kurczaka połóż plasterek szynki i plaster sera szwajcarskiego; zwiń i zabezpiecz wykałaczkami lub sznurkiem kuchennym. W misce wymieszaj mąkę, parmezan, sól i pieprz. Obtocz kurczaka w mieszance parmezanu i mąki; schładzaj 1 godzinę. Po schłodzeniu kurczaka rozgrzej patelnię z 3 łyżkami oleju; brązowego kurczaka ze wszystkich stron.

2. W garnku połącz rosół i wino. Dodaj zrumienionego kurczaka i gotuj na poziomie NISKIM przez 4 1/2 do 5 1/2 godziny lub WYSOKIM przez około 2 1/2 godziny. Sos zagęścić mieszanką mąki i zimnej wody (około 2 łyżek mąki roztrzepanej z 2 łyżkami zimnej wody). Gotuj jeszcze około 20 minut, aż zgęstnieje.
3. Serwuje 6.

Crockpot Kurczak Cordon Bleu

SKŁADNIKI

- 4-6 piersi z kurczaka (rozbitych na cienkie kawałki)
- 4-6 kawałków szynki
- 4-6 plasterków sera szwajcarskiego lub mozzarelli
- 1 puszka kremu zupy grzybowej (można użyć dowolnej zupy-kremu)
- 1/4 szklanki mleka

PRZYGOTOWANIE

1. Na kurczaka połóż szynkę i ser. Zwiń i zabezpiecz wykałaczką. Umieść kurczaka w wolnowarze/garnku tak, aby wyglądał jak trójkąt. /_\ Ułóż resztę na wierzchu. Wymieszaj zupę z mlekiem; polej wierzch kurczaka. Przykryj i gotuj na małym ogniu przez 4 godziny lub do momentu, aż kurczak przestanie być różowy. Podawać z makaronem z przygotowanym sosem.
2. Notatka Teresy: To najlepszy przepis, jaki do tej pory wypróbowałam, bardzo aromatyczny.

Obiad z Kurczakiem Crockpot Z Wędzoną Papryką I Warzywami

SKŁADNIKI

- 4 połówki piersi kurczaka bez kości

- 2 funty małych białych ziemniaków, obranych i pokrojonych w 1-calową kostkę

- 2 średnie marchewki, pokrojone w kawałki

- 1 średnia cebula, pokrojona w cienkie krążki

- 1 łyżeczka suszonych płatków pietruszki lub 1 łyżka świeżej posiekanej natki pietruszki

- 1 łyżeczka soli

- 1/4 łyżeczki pieprzu

- 4 łyżki roztopionego masła, podzielone

- 2 łyżki hiszpańskiej wędzonej papryki

- 1 łyżka soku z cytryny

- 1 łyżeczka sosu Worcestershire

- 1 łyżka miodu

- Posyp solą

- Posiekaj kminek

PRZYGOTOWANIE

1. Umyj kurczaka i osusz. Połącz ziemniaki, marchewkę i krążki cebuli w wolnowarze o pojemności od 4 do 6 litrów z

pietruszką, 1 łyżeczką soli, 1/4 łyżeczki pieprzu i 2 łyżkami roztopionego masła; podrzucenie.
2. Pozostałe 2 łyżki masła połączyć z wędzoną papryką, sokiem z cytryny, sosem Worcestershire, miodem, odrobiną soli i odrobiną kminku. Natrzyj piersi kurczaka mieszanką papryki; układać na warzywach.
3. Przykryj i gotuj na poziomie WYSOKIM przez 3 1/2 do 4 1/2 godziny lub na poziomie NISKIM przez 7 do 9 godzin, aż kurczak będzie ugotowany, a warzywa miękkie.
4. Służy 4.

Enchilady z kurczaka w garnku

SKŁADNIKI

- 1 duża puszka (19 uncji) sosu enchilada

- 6 połówek piersi kurczaka bez kości

- 2 puszki kremu z rosołu

- 1 mała puszka pokrojonych w plasterki czarnych oliwek

- 1/2 szklanki posiekanej cebuli

- 1 puszka (4 uncje) posiekanej łagodnej papryczki chili
- 16 do 20 tortilli kukurydzianych
- 16 uncji posiekanego ostrego sera Cheddar

PRZYGOTOWANIE

1. Ugotuj kurczaka i posiekaj. Wymieszaj zupę, oliwki, papryczki chili i cebulę. Tortille pokroić w kliny. Rozłóż Crock Pot z sosem, tortillami, zupą, kurczakiem i serem aż do samej góry, kończąc na serze. Przykryj i gotuj na poziomie LOW przez 5 do 7 godzin.
2. Porcja od 8 do 10

Przepis na fricassee z kurczakiem Crockpot

SKŁADNIKI

- 1 puszka zagęszczonego kremu z rosołu o obniżonej zawartości tłuszczu lub Zdrowego Żądania

- 1/4 szklanki wody

- 1/2 szklanki posiekanej cebuli

- 1 łyżeczka mielonej papryki

- 1 łyżeczka soku z cytryny

- 1 łyżeczka suszonego rozmarynu, rozgniecionego

- 1 łyżeczka tymianku

- 1 łyżeczka płatków pietruszki

- 1 łyżeczka soli

- 1/4 łyżeczki pieprzu

- 4 połówki piersi kurczaka bez kości, bez skóry

- Nieprzywierający spray do gotowania

- .

- Pierogi ze szczypiorkiem

- 3 łyżki tłuszczu

- 1 1/2 szklanki mąki

- 2 łyżeczki. proszek do pieczenia

- 3/4 łyżeczki. sól

- 3 łyżki świeżego posiekanego szczypiorku lub natki pietruszki

- 3/4 szklanki odtłuszczonego mleka

PRZYGOTOWANIE
1. Spryskaj wolnowar nieprzywierającym sprayem do gotowania. Umieść kurczaka w powolnej kuchence.
2. Połącz zupę, wodę, cebulę, paprykę, sok z cytryny, rozmaryn, tymianek, pietruszkę, 1 łyżeczkę soli i pieprzu; polej kurczaka. Przykryj i gotuj na poziomie LOW przez 6 do 7 godzin. Na godzinę przed podaniem przygotuj kluski opisane poniżej.
3. Pierogi:
4. Za pomocą blendera lub widelców wymieszaj suche składniki i skróć je razem, aż mieszanina będzie przypominała gruboziarnisty posiłek.
5. Dodać szczypiorek lub natkę pietruszki i mleko; mieszaj tylko do dobrego połączenia. Łyżeczką nakładać na gorącego kurczaka i sos. Przykryj i kontynuuj gotowanie na poziomie WYSOKIM przez około 25 minut dłużej, aż kluski będą ugotowane. Podawać z puree ziemniaczanym lub makaronem, z warzywami lub sałatką.

Lasagne z kurczakiem w garnku

SKŁADNIKI

- 2 duże połówki piersi kurczaka, bez kości
- 2 żeberka posiekane naciowo
- 1 mała posiekana cebula lub 1 do 2 łyżek suszonej, posiekanej cebuli
- 1/2 łyżeczki tymianku
- sól i pieprz do smaku
- 6 do 9 makaronów lasagne
- 1 opakowanie mrożonego szpinaku, rozmrożonego i wyciśniętego
- 6 uncji świeżych grzybów, pokrojonych w grube plasterki lub 1 puszka o pojemności od 4 do 8 uncji
- 1 1/2 szklanki posiekanego sera Cheddar i mieszanki serów amerykańskich
- 1 puszka „lekkiego" kremu z grzybów
- 1 puszka pomidorów z zielonymi chilli
- 1 opakowanie (1 uncja) mieszanki suchego sosu do kurczaka
- 3/4 szklanki zarezerwowanego bulionu

PRZYGOTOWANIE

1. W 2-litrowym rondlu gotuj na wolnym ogniu piersi z kurczaka z selerem, cebulą, tymiankiem, solą i pieprzem do miękkości, około 25 minut. Wyjmij kurczaka i ostudź; pokroić w drobną kostkę lub rozdrobnić. Zarezerwuj 3/4 szklanki bulionu. Wyrzuć pozostały bulion lub zamroź, aby wykorzystać go w innym przepisie. Makaron lasagne

przełamać na pół; gotować przez około 5 do 8 minut, aż będzie trochę elastyczny. Odcedzić i przepłukać zimną wodą, aby ułatwić obsługę.
2. W średniej misce połącz zupę, pomidory, mieszankę sosów i zarezerwowany bulion. Do wolnowaru/garnka o pojemności od 3 1/2 do 4 litrów wlej 3/4 szklanki mieszanki zupy. Połóż 4–6 połówek makaronu lasagne na wierzchu zupy. Dodaj 1/3 szpinaku, 1/3 kurczaka, 1/3 grzybów i 1/2 szklanki startego sera. Całość zalej kolejną 3/4 szklanki zupy. Powtórz warstwy jeszcze 2 razy, kończąc na pozostałej zupie. Przykryj i gotuj na małym ogniu przez 4 do 5 godzin. Jeśli gotowany jest zbyt długo, makaron może stać się papkowaty, więc sprawdź po około 4,5 godzinach.
3. Służy 4.

Zapiekanka z kurczakiem typu Crockpot Reuben

SKŁADNIKI

- 2 torebki (po 16 uncji) kiszonej kapusty, opłukanej i odsączonej
- 1 szklanka lekkiego lub niskokalorycznego rosyjskiego sosu sałatkowego, podzielona
- 6 połówek piersi kurczaka bez kości, bez skóry
- 1 łyżka przygotowanej musztardy
- 4 do 6 plasterków sera szwajcarskiego
- świeża pietruszka do dekoracji, opcjonalnie

PRZYGOTOWANIE

1. Umieść połowę kiszonej kapusty w wolnowarze elektrycznym o pojemności 3 1/2 litra. Skropić około 1/3 szklanki dressingu. Na wierzchu ułóż 3 połówki piersi kurczaka i posmaruj go musztardą. Na wierzch połóż pozostałą kapustę kiszoną i piersi z kurczaka. Skrop zapiekankę kolejną 1/3 szklanki sosu. Pozostały sos przechowuj w lodówce do momentu podania. Przykryj i gotuj na małym ogniu przez około 3 1/2 do 4 godzin lub do momentu, aż kurczak będzie cały biały i miękki.
2. Przed podaniem rozłóż zapiekankę na 6 talerzach. Na każdym połóż plaster sera i skrop kilkoma łyżeczkami sosu rosyjskiego. Podawać natychmiast, w razie potrzeby udekorowane świeżą pietruszką.
3. Serwuje 6.

Kurczak Robusto w garnku

SKŁADNIKI

- 4 do 8 połówek piersi kurczaka bez kości i skóry
- 1 butelka (8 uncji) włoskiego dressingu Wishbone Robusto
- 1-funtowy worek makaronu jajecznego
- 4 uncje kwaśna śmietana
- 1/2 szklanki parmezanu i trochę do podania

PRZYGOTOWANIE

1. Umieść piersi z kurczaka w Crock Pot. Polać sosem włoskim. Przykryj i gotuj na niskim poziomie 7 godzin lub wysokim 3 1/2 godziny. Wyjmij kurczaka z garnka; zostaw włączone ogrzewanie. Do soków dodać połowę kwaśnej śmietany i mieszać aż się rozpuści. Podgrzej.
2. Makaron ugotować i dobrze odcedzić. Do makaronu dodać pozostałą śmietanę i parmezan i mieszać aż do rozpuszczenia. Podawaj kurczaka na makaronie i polej sosem.
3. Posypać do smaku parmezanem.

Kurczak Crockpot Z Karczochami

SKŁADNIKI

- 1 1/2 do 2 funtów połówek piersi kurczaka bez kości, bez skóry
- 8 uncji pokrojonych w plasterki świeżych grzybów
- 1 puszka (14,5 uncji) pokrojonych w kostkę pomidorów
- 1 opakowanie mrożonych karczochów, 8 do 12 uncji
- 1 szklanka bulionu z kurczaka
- 1/2 szklanki posiekanej cebuli
- 1 puszka (3 do 4 uncji) pokrojonych w plasterki dojrzałych oliwek
- 1/4 szklanki wytrawnego białego wina lub bulionu z kurczaka
- 3 łyżki szybkogotowanej tapioki
- 2 łyżeczki curry w proszku lub do smaku
- 3/4 łyżeczki suszonego tymianku, rozgniecionego
- 1/4 łyżeczki soli
- 1/4 łyżeczki pieprzu
- 4 szklanki gorącego ugotowanego ryżu

PRZYGOTOWANIE

1. Opłucz kurczaka; osusz i odłóż na bok. W wolnowarze o pojemności od 3 1/2 do 5 litrów połącz grzyby, pomidory, serca karczochów, bulion z kurczaka, posiekaną cebulę, pokrojone oliwki i wino. Wymieszaj tapiokę, curry, tymianek, sól i pieprz. Dodaj kurczaka do garnka; Nałóż trochę mieszanki pomidorowej na kurczaka.

2. Przykryj i gotuj na poziomie NISKIM przez 7 do 8 godzin lub na poziomie WYSOKIM przez 3 1/2 do 4 godzin. Podawać z gorącym ugotowanym ryżem.
3. Na 6 do 8 porcji.

Kurczak Crockpot z musztardą Dijon

SKŁADNIKI

- 4 do 6 połówek piersi kurczaka bez kości

- 2 łyżki musztardy Dijon

- 1 puszka 98% beztłuszczowego kremu z grzybów

- 2 łyżeczki skrobi kukurydzianej

- posypać czarnym pieprzem

PRZYGOTOWANIE

1. Umieść połówki piersi kurczaka we wkładzie wolnowaru.
2. Połącz pozostałe składniki i polej nim kurczaka.
3. Przykryj i gotuj na niskim poziomie przez 6 do 8 godzin.
4. Służy 4.

Crockpot Kurczak Z Makaronem

SKŁADNIKI

- 1 do 1 1/2 funta mrożonych polędwiczek z kurczaka, rozmrożonych

- 1 opakowanie mieszanki sosu cytrynowo-ziołowego

- 2 małe dynie lub cukinie, przekrojone na pół i pokrojone na plasterki o grubości 1/4 cala

- 1 pęczek zielonej cebuli, pokrojonej w plasterki o grubości 1/2 cala

- 1/4 szklanki wody

- sól i pieprz do smaku

- 1 szklanka mrożonego groszku rozmrożonego pod gorącą wodą

- 3 do 4 szklanek gorącego ugotowanego makaronu (raddiatore, spirale itp.), około 8 uncji

-
1/2 szklanki śmietanki do ubijania

PRZYGOTOWANIE

1. Umyj kawałki kurczaka; połączyć z dynią, zieloną cebulą, mieszanką sosów i wodą w Crock Pot; sól i pieprz do smaku. Przykryj i gotuj na niskim poziomie przez 5 do 7 godzin; dodać groszek w ciągu ostatnich 15 minut. Dodajemy gorący makaron i śmietanę na ostatnie 5 minut.
2. Porcja od 4 do 6.

Crockpot Kurczak Z Ryżem

SKŁADNIKI

- 4 do 6 połówek piersi kurczaka bez kości, bez skóry

- 1 puszka (10 3/4 uncji) skondensowanej zupy grzybowej lub kremu z kurczaka

- 1/2 szklanki wody

- 3/4 szklanki przetworzonego ryżu, niegotowanego

- 1 1/2 szklanki bulionu z kurczaka

- 1 do 2 szklanek mrożonej zielonej fasolki, rozmrożonej

PRZYGOTOWANIE

1. Włóż piersi z kurczaka do garnka Crock Pot. Dodać krem zupy grzybowej i 1/2 szklanki wody.
2. Dodaj 3/4 szklanki ryżu i bulion z kurczaka.
3. Dodaj zieloną fasolkę.
4. Przykryj i gotuj na poziomie LOW przez 6 godzin lub do momentu, aż kurczak będzie ugotowany, a ryż miękki.
5. Porcja od 4 do 6.

Crockpot Kurczak Z Pomidorami

SKŁADNIKI

- 4 do 6 połówek piersi z kurczaka

- 2 zielone papryki, pokrojone w plasterki

- 1 puszka posiekanych duszonych pomidorów

- 1/2 małej butelki sosu włoskiego (w razie potrzeby o niskiej zawartości tłuszczu)

PRZYGOTOWANIE

1. Włóż piersi z kurczaka, zieloną paprykę, duszone pomidory i sos włoski do wolnowaru lub garnka i gotuj przez cały dzień (6 do 8 godzin) na małym ogniu.

Przepis na kurczaka Crockpot Cola

SKŁADNIKI

- 4 do 6 połówek piersi kurczaka
- 1/4 szklanki ketchupu
- 1/4 szklanki coli, zwykłej lub dietetycznej, lub Dr. Pepper
- 1/4 szklanki drobno posiekanej cebuli
- 1/4 szklanki drobno posiekanej zielonej papryki lub połączenia czerwonej i zielonej papryki
- posiekać proszek czosnkowy

PRZYGOTOWANIE

1. Spryskaj garnek sprayem kuchennym. Ułóż połówki piersi kurczaka w garnku. Połącz ketchup, colę, cebulę, zielony pieprz i proszek czosnkowy; polej kurczaka. Przykryj i gotuj na poziomie LOW przez 5 do 6 godzin. Podawać kurczaka z sosem.
2. Porcja od 4 do 6.

Crockpot Kurczak z czosnkiem i tymiankiem

SKŁADNIKI

-
- 5 ząbków czosnku, posiekanych
- 1 czubata łyżeczka suszonego tymianku, pokruszona
- 6 połówek piersi z kurczaka, z kością, bez skóry
- 1/4 szklanki soku pomarańczowego
- 1 łyżka octu balsamicznego

PRZYGOTOWANIE

1. Umyj połówki piersi kurczaka; osuszyć. Umieść kurczaka w powolnej kuchence; posyp czosnkiem i tymiankiem, następnie polej kurczaka sokiem pomarańczowym i octem. Przykryj i gotuj na poziomie LOW przez 6 godzin.
2. Wyjmij kurczaka i trzymaj w cieple. Usuń tłuszcz z soków, a następnie przecedź soki do rondla. Doprowadź sok do wrzenia i gotuj dalej, aż jego objętość zredukuje się do około 1 szklanki lub około 10 minut. Podawaj kurczaka z sokami.
3. Porcja od 4 do 6.

Crockpot Ziołowy Kurczak Z Nadzieniem

SKŁADNIKI

- 1 puszka (10 1/2 uncji) kremu z kurczaka z zupą ziołową
- 1 puszka (10 1/2 uncji) kremu z selera lub kremu z kurczaka
- 1/2 szklanki wytrawnego białego wina lub bulionu z kurczaka
- 1 łyżeczka suszonych płatków pietruszki
- 1 łyżeczka suszonego tymianku, pokruszona
- 1/2 łyżeczki soli
- Odrobina czarnego pieprzu
- 2 do 2 1/2 szklanki sezonowanego nadzienia, około 6 uncji, podzielone
- 4 łyżki masła, podzielone
- 6 do 8 połówek piersi kurczaka bez kości, bez skóry

PRZYGOTOWANIE

1. Połączyć zupy, wino lub bulion, natkę pietruszki, tymianek, sól i pieprz.
2. Umyj kurczaka i osusz.
3. Lekko nasmaruj wkład do wolnowaru o pojemności od 5 do 7 litrów.
4. Posyp około 1/2 szklanki bułki tartej na dnie kuchenki i skrop około 1 łyżką masła.
5. Na wierzch połóż połowę kurczaka i połowę pozostałej bułki tartej. Skropić połową pozostałego masła i wyłożyć na to połowę zupy.
6. Powtórz tę czynność z pozostałym kurczakiem, farszem, masłem i zupą.

7. Przykryj i gotuj na poziomie LOW przez 5 do 7 godzin lub do momentu, aż kurczak będzie ugotowany.
8.

Porcja od 6 do 8.

Kurczak Nadziewany Crockpot

SKŁADNIKI

- 6 połówek piersi kurczaka bez kości i skóry
- 6 cienkich plastrów w pełni ugotowanej szynki
- 6 plasterków sera szwajcarskiego
- 1/4 szklanki mąki uniwersalnej
- 1/4 szklanki startego parmezanu
- 1/2 łyżeczki suszonego tymianku liściastego
- 1/4 łyżeczki papryki
- 1/4 łyżeczki pieprzu
- 3 łyżki oleju roślinnego
- 1 puszka zagęszczonego kremu z rosołu nierozcieńczonego lub kremu z kurczaka z ziołami
- 1/2 szklanki bulionu z kurczaka
- Posiekana świeża pietruszka lub szczypiorek, opcjonalnie

PRZYGOTOWANIE

1. Umieść każdą pierś kurczaka pomiędzy kawałkami plastikowego opakowania. Delikatnie uderz i spłaszcz kurczaka równomiernie do grubości około 1/8 cala. Na każdej piersi połóż po 1 plasterku szynki i sera. Zwiń kurczaka; zawiń końce i zabezpiecz wykałaczkami. Połącz mąkę, parmezan, tymianek, paprykę i pieprz; obtocz kurczaka ze wszystkich stron. Przykryj i przechowuj w lodówce przez 1 godzinę. Na dużej patelni szybko obsmaż kurczaka ze wszystkich stron na gorącym oleju na średnim ogniu.
2. Przenieś do wolnowaru o pojemności 5–6 litrów. Połącz zupę i bulion z kurczaka; polej kurczaka. Przykryj i gotuj na poziomie LOW przez około 6 godzin, aż będzie ugotowany. Wyjmij wykałaczki i według uznania udekoruj natką pietruszki lub szczypiorkiem.
3. Serwuje 6.

Przepis na kurczaka słodko-kwaśnego Crockpot

SKŁADNIKI

- 4 łyżki roztopionego masła
- 3/4 w. Keczup
- 1/2 s. biały ocet
- 3/4 w. brązowy cukier
- 3 łyżki sosu Worcestershire
- 2 ząbki czosnku, posiekane
- sól i pieprz do smaku
- posiekać płatki czerwonej papryki lub mielony pieprz cayenne
- 1 1/2 szkl. bulion z kurczaka
- 6 połówek piersi kurczaka bez kości, bez skóry
- 1 puszka (8 lub 9 uncji) kawałków ananasa, odsączonych
- paski papryki opcjonalnie

PRZYGOTOWANIE

1. Umieść kurczaka w powolnej kuchence.
2. Połącz roztopione masło, ketchup, ocet, brązowy cukier, sos Worcestershire, mielony czosnek, sól i pieprz, ostrą paprykę, bulion z kurczaka; polej kurczaka.
3. Przykryj i gotuj na poziomie LOW przez 5 do 7 godzin, aż kurczak będzie miękki, ale nadal wilgotny.
4. Dodaj ananasa i paprykę, jeśli używasz, a następnie gotuj przez 20 minut dłużej.

5. Serwuje 6.

Kurczak cytrynowy Dawn

SKŁADNIKI

- 4 połówki piersi kurczaka bez kości, pozbawione skóry
- 2 cytryny
- 1 łyżeczka pieprzu cytrynowego
- 1 łyżeczka mielonej papryki

PRZYGOTOWANIE

1. Włóż piersi z kurczaka do wolnowaru. Kurczaka wyciśnij sok z połowy cytryny. Posyp z wierzchu pieprzem cytrynowym i papryką. Pozostałą połówkę cytryny pokroić w cienkie plasterki. Ułóż plastry wokół kurczaka. Przykryj i gotuj na poziomie HIGH przez 3 do 4 godzin.

Debbie's Crockpot z kurczakiem i farszem

SKŁADNIKI

- 1 opakowanie przygotowanej mieszanki farszu ziołowego

- 4 do 6 połówek piersi kurczaka bez kości lub udek bez kości, bez skóry

- 1 puszka (10 3/4 uncji) zagęszczonego kremu z rosołu, nierozcieńczonego

- 1 puszka (3 do 4 uncji lub więcej) pokrojonych w plasterki grzybów, odsączonych

PRZYGOTOWANIE

1. Posmaruj masłem spód i boki wkładu do naczyń wolnowarowych.

2. Przygotuj zapakowaną (lub domową) masę farszową z masłem i płynem zgodnie z instrukcją na opakowaniu.
3. Przygotowany farsz układamy na dnie natłuszczonego wolnowaru.
4. Połóż kawałki kurczaka na mieszance farszu. Kurczak może w pewnym stopniu nakładać się na siebie, ale staraj się układać tak, aby zachodziły na siebie jak najmniej. Jeśli jest miejsce, można użyć więcej kurczaka.
5. Na kurczaka wyłóż skondensowaną śmietanę z rosołu. Możesz także użyć kremu grzybowego lub kremu z selera, jak lubisz. Na wierzch połóż grzyby. Pamiętaj, aby lekko wymieszać grzyby, tak aby pokryły się zupą.
6. Przykryj i gotuj na małym ogniu przez 5 do 7 godzin.

•Piersi z kurczaka mają tendencję do wysychania podczas długiego gotowania, dlatego sprawdzaj je wcześniej. Uda są bardziej tłuste niż piersi z kurczaka, dzięki czemu można je gotować dłużej.

Kurczak Diany a la King

SKŁADNIKI

- 1 1/2 do 2 funtów polędwiczek z kurczaka bez kości
- 1 do 1 1/2 szklanki marchewki pokrojonej w zapałki
- 1 pęczek zielonej cebuli (szalotki) pokrojonej w 1/2-calowe kawałki
- 1 słoiczek sera topionego Kraft pimiento lub pimiento i oliwkami (5 uncji)
- 1 puszka 98% beztłuszczowego kremu z kurczaka
- 2 łyżki wytrawnego sherry (opcjonalnie)
- sól i pieprz do smaku

PRZYGOTOWANIE

1. Umieść wszystkie składniki w wolnowarze/garnku (3 1/2 kwarty lub większym) w podanej kolejności; wymieszać do połączenia. Przykryj i gotuj na małym ogniu przez 7 do 9 godzin. Podawać z ryżem, tostami lub ciastkami.
2. Porcja od 6 do 8.

Koperkowany Kurczak I Warzywa

SKŁADNIKI

- 1 do 1 1/2 funta polędwiczek z kurczaka, pokrojonych na 1-calowe kawałki

- 1 łyżka suszonej, posiekanej cebuli (lub małej cebuli, posiekanej)

- 1 puszka zwykłej lub o obniżonej zawartości tłuszczu 98% zupy-kremu grzybowego

- 1 opakowanie (1 uncja) mieszanki sosu grzybowego (można zastąpić sosem do kurczaka lub wiejskim)

- 1 szklanka młodej marchewki

- 1/2 do 1 łyżeczki ziela kopru

- przyprawiona sól i pieprz do smaku

-
1 szklanka mrożonego groszku

PRZYGOTOWANIE

1. Połącz pierwsze 7 składników w wolnowarze/garnku; przykryj i gotuj na małym ogniu przez 6 do 8 godzin. Dodaj mrożony groszek w ciągu ostatnich 30 do 45 minut. Podawać z ryżem lub puree ziemniaczanym.
2. Służy 4.

Przepis Dona na słodko-kwaśnego kurczaka

SKŁADNIKI

- 2 do 4 piersi z kurczaka bez skóry
- 1 duża cebula grubo posiekana
- 2 grubo posiekane papryki (jedna zielona, jedna czerwona)
- 1 szklanka różyczek brokułów
- 1/2 szklanki kawałków marchewki
- 1 duża puszka ananasa w kawałkach (odcedź i zachowaj sok)
- 1/4-1/2 szklanki brązowego cukru (można użyć zwykłego)
- Woda/wino/sok z białych winogron/sok pomarańczowy itp. w razie potrzeby w celu uzupełnienia płynu
- 1 łyżka skrobi kukurydzianej na każdą szklankę płynu
- ostry sos do smaku, opcjonalnie
- sól i pieprz do smaku, opcjonalnie
- cynamon, opcjonalnie
- ziele angielskie, opcjonalnie
- goździki, opcjonalnie
- curry w proszku, opcjonalnie

PRZYGOTOWANIE

1. Włóż piersi z kurczaka do wolnowaru lub garnka. Dodaj cebulę, paprykę, brokuły i marchewkę. Wymieszaj wszystko, aż dobrze się wymiesza, bez grudek cukru, płynów,

przypraw, skrobi kukurydzianej i cukru. Polej kurczaka. Jeśli nie ma wystarczającej ilości soku, dodaj dowolny płyn, aby uzyskać pożądany poziom. (PAMIĘTAJ: Na każdą dodatkową filiżankę płynu dodaj kolejną łyżkę skrobi kukurydzianej przed wlaniem jej do wolnowaru).
2. Przykryj i gotuj przez 6 do 8 godzin na poziomie LOW. Czasem zmieniam przepis, dodając koktajl owocowy z mniejszą ilością cukru, sprawdzają się też konfitury ananasowe, morelowe lub marmolada pomarańczowa. (do przetworów nie jest potrzebna skrobia kukurydziana ani oczywiście cukier. Użyj swojej wyobraźni. Pamiętaj, że słodko-kwaśny to w zasadzie sok owocowy i ocet.

Łatwy tandetny kurczak w powolnej kuchence

SKŁADNIKI

- 6 połówek piersi kurczaka bez kości, bez skóry
- sól i pieprz do smaku
- czosnek w proszku, do smaku
- 2 puszki zagęszczonego kremu z rosołu
- 1 puszka skondensowanej zupy serowej Cheddar

PRZYGOTOWANIE

1. Opłucz kurczaka i posyp solą, pieprzem i czosnkiem w proszku. Wymieszaj nierozcieńczoną zupę i zalej kurczaka w garnku Crock Pot.
2. Przykryj i gotuj na niskim poziomie przez 6 do 8 godzin.
3. Podawać z ryżem lub makaronem.
4. Serwuje 6.

Łatwy kurczak z migdałami

SKŁADNIKI

- 4 do 6 połówek piersi kurczaka, umytych i pozbawionych skóry
- 1 puszka (10 3/4 uncji) kremu z rosołu
- 1 łyżka soku z cytryny
- 1/3 szklanki majonezu
- 1/2 szklanki pokrojonego w cienkie plasterki selera
- 1/4 szklanki drobno posiekanej cebuli
- 1/4 szklanki odsączonego, posiekanego pimiento
- 1/2 szklanki posiekanych lub posiekanych migdałów
- posiekana świeża pietruszka, opcjonalnie

PRZYGOTOWANIE

1. Ułóż piersi z kurczaka na dnie wolnowaru. W misce wymieszaj zupę, sok z cytryny, majonez, seler, cebulę i pimiento; polać piersi z kurczaka. Przykryj i gotuj na małym ogniu przez 5 do 7 godzin, aż kurczak będzie miękki (połówki piersi kurczaka bez kości zajmą mniej czasu niż wkładanie kości). Wyjmij piersi z kurczaka na talerz i polej je sokiem. W razie potrzeby posypujemy migdałami i natką pietruszki.

2. Podawać z gorącym ugotowanym ryżem i brokułami gotowanymi na parze.
3. Porcja od 4 do 6.

Łatwy Kurczak Z Ziemniakami

SKŁADNIKI

- 4 połówki piersi kurczaka bez kości i skóry

- 1/2 szklanki włoskiego sosu sałatkowego

- 1 łyżeczka przyprawy włoskiej (lub mieszanka bazylii, oregano, pokruszonej czerwonej papryki i czosnku w proszku na tę samą ilość)

- 1/2 szklanki startego parmezanu lub sera Romano

- 4 do 6 średnich ziemniaków, obranych i pokrojonych w kliny lub grube plasterki

PRZYGOTOWANIE

1. Umieść kurczaka na dnie garnka Crock Pot. Posyp połową sosu włoskiego, przyprawami i startym serem. Połóż ziemniaki na wierzchu lub wokół kurczaka. Posyp resztą dressingu, przyprawami i serem.
2. Gotuj na małym ogniu przez około 6-8 godzin lub do momentu, aż kurczak będzie gotowy, a ziemniaki będą miękkie.

Łatwy Crockpot z kurczakiem i warzywami

SKŁADNIKI

- 6 połówek piersi kurczaka bez kości, bez skóry
- sól koszerna i świeżo zmielony czarny pieprz do smaku
- 1 łyżeczka czosnku w proszku
- 1 łyżeczka granulowanego bulionu drobiowego lub bazy drobiowej
- 2 puszki (około 15 uncji każda) całych ziemniaków, odsączonych
- 1 opakowanie (10 do 12 uncji) mrożonej, pokrojonej fasolki szparagowej
- 1 puszka (8 uncji) pokrojonych w plasterki kasztanów wodnych
- 1 szklanka włoskiego sosu sałatkowego, o niskiej zawartości tłuszczu lub bez tłuszczu
-

3 łyżeczki skrobi kukurydzianej

PRZYGOTOWANIE

1. Posyp kawałki kurczaka solą koszerną, świeżo zmielonym czarnym pieprzem i sproszkowanym czosnkiem. Posypać granulkami bulionu z kurczaka lub bazą kurczaka.
2. Na kurczaka połóż ziemniaki, następnie fasolkę szparagową i kasztany wodne. Posyp lekko solą i pieprzem, a na wierzch polej sosem sałatkowym.
3. Przykryj i gotuj na poziomie LOW przez 4 do 6 godzin.
4. Łyżką cedzakową wyjmij kurczaka i warzywa do naczynia do serwowania i przykryj folią, aby utrzymać ciepło.

5. Aby zagęścić płyny, odcedź je do rondla. Doprowadzić do wrzenia na dużym ogniu.
6. Wymieszaj 3 łyżeczki skrobi kukurydzianej z około 2 łyżkami zimnej wody, aż skrobia kukurydziana się rozpuści. Dodać do wrzącego płynu i gotować, mieszając, aż zgęstnieje. Podawać z kurczakiem i warzywami.

Łatwy kurczak w garnku Santa Fe od Cindy

SKŁADNIKI

- 1 puszka (15 uncji) czarnej fasoli, przepłukana i odsączona
- 2 puszki (15 uncji) kukurydzy pełnoziarnistej, odsączonej
- 1 szklanka butelkowanej gęstej i grubej salsy, Twojej ulubionej
- 5 lub 6 połówek piersi kurczaka bez skóry i kości (około 2 funty)
-

1 szklanka startego sera Cheddar

PRZYGOTOWANIE

1. W wolnowarze o pojemności od 3,5 do 5 litrów wymieszaj czarną fasolę, kukurydzę i 1/2 szklanki salsy.
2. Na wierzchu ułóż piersi z kurczaka, następnie polej kurczaka pozostałą 1/2 szklanki salsy. Przykryj i gotuj na poziomie WYSOKIM przez 2 1/2 do 3 godzin lub do momentu, aż kurczak będzie miękki i biały. Nie rozgotowuj, w przeciwnym razie kurczak będzie suchy.
3. Posyp serem na wierzchu; przykryj i gotuj, aż ser się roztopi, około 5 do 15 minut.
4. Serwuje 6.

Łatwy kurczak Crockpot z makaronem

SKŁADNIKI

- 1 do 1 1/2 funta kurczaka, piersi lub ud bez kości
- 1/4 szklanki białego wina
- 1 puszka (10 3/4 uncji) skondensowanej zupy-krem z grzybów (lub krem z kurczaka)
- 1 szklanka kwaśnej śmietany
- 1/4 szklanki mąki
- sól i pieprz do smaku
- ugotowany makaron

PRZYGOTOWANIE

1. Umieść kurczaka w Crock Pot. W misce wymieszaj wino i zupę; polej kurczaka.
2. Przykryj i gotuj na poziomie NISKIM przez 6 do 7 godzin lub WYSOKIM przez 3 do 4 godzin lub do momentu, aż kurczak będzie ugotowany.
3. Przed podaniem wymieszaj śmietanę z mąką, aż będzie gładka; wymieszać mieszaninę z kurczakiem i sokami.
4. Posmakuj i dodaj sól i pieprz do smaku.
5. Podgrzewaj przez 30 minut dłużej na poziomie NISKIM.
6. Podawaj kurczaka i sos z gorącym ugotowanym makaronem.

Łatwy Kurczak Pepper Jack w Crockpot

SKŁADNIKI

- 4 do 6 połówek piersi z kurczaka, bez kości i skóry
- paski papryki (może to być mieszanka mrożonej papryki)
- 1 puszka zupy serowej Pepper Jack
- 3 łyżki grubej salsy

PRZYGOTOWANIE

1. Połącz wszystkie składniki. Przykryj i gotuj na poziomie LOW przez 5 do 6 godzin, aż kurczak będzie miękki.
2. Porcja od 4 do 6.

Łatwy włoski przyprawiony kurczak

SKŁADNIKI

-
- 4 do 6 połówek piersi z kurczaka

-
- 1/4 szklanki wytrawnego białego wina

- 1 koperta Mieszanka dressingów do sałatek włoskich Good Seasons

PRZYGOTOWANIE

1. Na ciężkiej patelni podsmaż piersi z kurczaka na odrobinie oleju. Umieść kurczaka w garnku. Posyp kurczaka mieszanką sosu; dodać wino. Przykryj i gotuj na dużym ogniu przez około 3 do 4 godzin lub do momentu, aż kurczak będzie miękki, a soki będą klarowne.

Łatwy kurczak Pepper Jack

SKŁADNIKI

- 4 do 6 piersi z kurczaka, bez kości, bez skóry

- paski papryki (użyj świeżej lub mrożonej paprykowej kombinacji smażonych pasków papryki)

- 1 puszka zupy serowej Pepper Jack

- 3 łyżki grubej salsy

PRZYGOTOWANIE

1. Połącz wszystkie składniki. Przykryj i gotuj na poziomie LOW przez 5 do 6 godzin, aż kurczak będzie miękki. Porcja od 4 do 6.
2. Podawać z ryżem po meksykańsku, makaronem i serem lub zwykłym, gorącym, ugotowanym ryżem.

Łatwe nadziewane roladki z kurczaka

SKŁADNIKI

- 6 połówek piersi kurczaka bez kości
- 6 cienkich plastrów szynki
- 6 cienkich plasterków sera szwajcarskiego lub innego
- 1/4 do 1/2 szklanki mąki
- 8 uncji pokrojonych w plasterki grzybów
- 3/4 szklanki bulionu z kurczaka
- 1/4 szklanki wytrawnego białego wina
- 1/4 łyżeczki suszonego rozmarynu, rozgniecionego
- 1/4 szklanki startego parmezanu
- 2 łyżeczki skrobi kukurydzianej
- 1 łyżka wody
- 1 łyżeczka Gravy Magic lub innego brązującego sosu
- sól i pieprz do smaku

PRZYGOTOWANIE

1. Umieść piersi z kurczaka pomiędzy arkuszami woskowanego papieru lub folią; funt do spłaszczenia. Na każdej piersi kurczaka połóż plasterek szynki i plaster sera; zwinąć i zabezpieczyć wykałaczkami. Obtocz roladki z kurczaka w mące. Włóż grzyby do wolnowaru, a następnie ułóż na nich roladki z kurczaka. Połącz bulion z kurczaka, wino i rozmaryn; polej kurczaka. Posypać tartym

parmezanem. Przykryj i gotuj na poziomie LOW przez 6 godzin.
2. Wyjmij kurczaka na ciepły talerz. Połączyć skrobię kukurydzianą, wodę i sos brązujący; dodać do soków z gotowania kurczaka i mieszać, aż zgęstnieje. Dodaj sól i pieprz do smaku; polej sosem roladki z kurczaka.
3. Serwuje 6.

Ulubiony przepis na chili z białym kurczakiem

SKŁADNIKI

- 1 funt kurczaka, pokrojonego na małe kawałki (lubię piersi bez kości ze względu na ich „łatwość" i niższą zawartość tłuszczu)

- 1 szklanka posiekanej cebuli

- 1 puszka (lub odpowiednik) bulionu z kurczaka

- 2 ząbki czosnku, drobno posiekane

- 2 łyżeczki nasion kminku (mielony również nie wytrzyma długiego gotowania)

- 1/2 łyżeczki suszonych liści oregano

- 3-15 uncji puszek białej fasoli (wielkiej północnej lub cannellini), odsączonej i opłukanej

- 1 lub 2 posiekane czerwone, zielone lub żółte papryki lub ich kombinacja

- papryczki chili jalapeno, świeże, w słoikach lub z puszki, opcjonalnie lub „do smaku" (w zależności od tego, jak bardzo lubisz ostre!)

PRZYGOTOWANIE

1. W wolnowarze o pojemności 4 lub 6 litrów połącz kurczaka, cebulę, bulion z kurczaka, czosnek, kminek i oregano.
2. Gotuj chwilę na małym ogniu (około 3-5 godzin, w zależności od harmonogramu)
3. Dodaj odsączoną fasolę.

4. A teraz najważniejsza część, jeśli nie chcesz papkowatego chili. Dodaj paprykę i papryczki jalapeno (jeśli używasz) nie wcześniej niż ostatnią godzinę lub półtorej godziny przed podaniem.
5. Każdą porcję posyp posiekanym serem Monterey Jack lub ewentualnie połamanymi chipsami tortilla.

Czosnkowy Kurczak Alfredo

SKŁADNIKI

- 1 słoik (16 uncji) kremowego sosu czosnkowego Alfredo lub sosu Alfredo
- 4 do 6 połówek piersi kurczaka bez kości
- 1 puszka (4 uncje) pokrojonych w plasterki grzybów, odsączonych
- 8 uncji spaghetti, ugotowanego na gorąco
- tarty parmezan

PRZYGOTOWANIE

1. Do wolnowaru wlać około 1/3 sosu. Umieść kurczaka w powolnej kuchence; na wierzch połóż grzyby i resztę sosu. przykryj i gotuj na ustawieniu LOW przez 6 do 8 godzin. Podawać z gorącym ugotowanym spaghetti, parmezanem i sałatką.
2. Porcja od 4 do 6.

Kurczak po grecku z piersią z kurczaka i pomidorami, szybkowar

SKŁADNIKI

- 4 do 6 piersi z kurczaka bez skóry
- 1 gł. puszka (15 uncji) sosu pomidorowego
- 1 puszka (14,5 uncji) pokrojonych w kostkę pomidorów z sokiem
- 1 puszka pokrojonych w plasterki grzybów
- 1 puszka (4 uncje) pokrojonych w plasterki dojrzałych oliwek
- 2 ząbki czosnku, posiekane
- 1 łyżka. sok cytrynowy
- 1 łyżeczka. suszone liście oregano
- 1/2 szklanki posiekanej cebuli
- 1/2 s. wino białe wytrawne (opcjonalnie)
- 2 szklanki gorącego ugotowanego ryżu
- Sól dla smaku

PRZYGOTOWANIE

1. Umyj kurczaka i osusz. Piec w piekarniku nagrzanym na 350 stopni przez około 30 minut. W międzyczasie połączyć wszystkie pozostałe składniki (oprócz ryżu). Kurczaka pokroić w kostkę i połączyć z sosem; przykryć i gotować na małym ogniu przez 4 do 5 godzin. Podawaj kurczaka i sos z gorącym ugotowanym ryżem.
2. Porcja od 4 do 6.

Kurczak ziołowy z dzikim ryżem, wolnowar

SKŁADNIKI

• 1 do 1 1/2 funta polędwiczek z kurczaka lub połówek piersi z kurczaka bez kości

• 6 do 8 uncji pokrojonych w plasterki grzybów

• 1 łyżka oleju roślinnego

• 2 do 3 plasterków pokruszonego boczku lub 2 łyżki prawdziwego kawałka boczku

• 1 łyżeczka masła

• 1 (6 uncji) pudełko Uncle Bens (o smaku kurczaka) ryżu długoziarnistego i dzikiego

• 1 puszka kremu z rosołu z ziołami lub zwykłego

• 1 szklanka wody

• 1 łyżeczka mieszanki ziół, np. delikatnych ziół lub mieszanki ulubionych ziół; pietruszka, tymianek, estragon itp.

PRZYGOTOWANIE

1. Smaż kawałki kurczaka i grzyby na oleju i maśle, aż kurczak będzie lekko rumiany. Umieść bekon na dnie wolnowaru o pojemności od 3 1/2 do 5 litrów. Połóż ryż na boczku. Zarezerwuj pakiet przypraw. Połóż kawałki kurczaka na ryżu – jeśli używasz piersi z kurczaka, pokrój je w paski lub kostkę. Zupą polej kurczaka, następnie dodaj wodę. Całość posyp przyprawami i posyp mieszanką ziół. Przykryj i gotuj na poziomie LOW przez 5 1/2 do 6 1/2 godziny lub do momentu, aż ryż będzie miękki (nie papkowaty).

2. Porcja od 4 do 6.

Kurczak z miodem i imbirem

SKŁADNIKI

- 3 funty połówek piersi kurczaka bez skóry

- 1 1/4 cala świeżego korzenia imbiru, obranego i drobno posiekanego

- 2 ząbki czosnku, posiekane

- 1/2 szklanki sosu sojowego

- 1/2 szklanki miodu

- 3 łyżki wytrawnego sherry

- 2 łyżki skrobi kukurydzianej zmieszanej z 2 łyżkami wody

PRZYGOTOWANIE

1. Połącz imbir, czosnek, sos sojowy, miód i sherry w małej misce. Zanurz kawałki kurczaka w sosie; umieść kawałki kurczaka w powolnej kuchence; Całość zalewamy pozostałym sosem. Przykryj i gotuj na poziomie LOW przez około 6 godzin.
2. Wyjmij kurczaka z ciepłego naczynia i wlej płyn na patelnię lub patelnię. Doprowadź do wrzenia i kontynuuj gotowanie przez 3 do 4 minut, aby lekko zredukować. Wmieszaj skrobię kukurydzianą do mieszanki sosu.
3. Gotuj na małym ogniu, aż zgęstnieje. Polej kurczaka niewielką ilością sosu i podaj resztę.
4. Podawaj kurczaka z gorącym ryżem.

Gorący i kwaśny kurczak, wolnowar

SKŁADNIKI

- 4 do 6 połówek piersi kurczaka, pozbawionych skóry i kości
- 1 szklanka bulionu z kurczaka o niskiej zawartości sodu
- 1 opakowanie Mieszanki Ostrej i Kwaśnej Zupy Knorra

PRZYGOTOWANIE

1. Włóż piersi z kurczaka do garnka Crock Pot; dodać mieszankę gorącej i kwaśnej zupy. Całość zalej bulionem z kurczaka i gotuj na małym ogniu przez 5 do 6 godzin.
2. Podawać z ryżem lub makaronem. Przepis na kurczaka na ostro i kwaśno służy od 4 do 6 osób.

Włoski kurczak z brokułami i sosem śmietanowym

SKŁADNIKI

- 4 połówki piersi kurczaka bez kości
- 2 koperty Sos włoski Good Seasons
- 1/2 szklanki wody
- 1 (8 uncji) op. serek śmietankowy, miękki
- 1 puszka (10 1/2 uncji) zagęszczonego kremu z rosołu
- 1 puszka (4 uncje) grzybów, odsączonych
- 8 uncji mrożone kawałki brokułów
- 1 funt linguini, ugotowany i odsączony

PRZYGOTOWANIE

1. Kurczaka pokroić na kawałki i włożyć do garnka.
2. Mieszankę sosu sałatkowego wymieszać z wodą i polać kurczaka.
3. Przykryj i gotuj na małym ogniu przez około 3 godziny. W małej misce wymieszaj serek śmietankowy i zupę, aż się połączą. Wmieszaj grzyby i polej powstałą mieszanką kurczaka.
4. Dodać kawałki brokułów i gotować jeszcze około 1 godziny.
5. Podawaj sos z kurczaka na gorące, ugotowane linguini.

Kurczak po włosku ze spaghetti, wolnowar

SKŁADNIKI

- 1 puszka (8 uncji) sosu pomidorowego
- 6 do 8 połówek piersi kurczaka bez kości, pozbawionych skóry
- 1 puszka (6 uncji) koncentratu pomidorowego
- 3 łyżki wody
- 3 średnie ząbki czosnku, posiekane
- 2 łyżeczki suszonego oregano liściastego, pokruszonego
- 1 łyżeczka cukru lub do smaku
- gorące gotowane spaghetti
- 4 uncje startego sera mozzarella
- tarty parmezan

PRZYGOTOWANIE

1. W razie potrzeby podsmaż kurczaka na gorącym oleju; odpływ. Posypać obficie solą i pieprzem. Ułóż kurczaka w powolnej kuchence. Połącz sos pomidorowy, koncentrat pomidorowy, wodę, czosnek, oregano i cukier; polej kurczaka. Przykryj i gotuj na poziomie LOW przez 6 do 8 godzin. Wyjmij kurczaka i trzymaj w cieple. Włącz kuchenkę na wysoką temperaturę, wymieszaj ser mozzarella z sosem. Gotuj bez przykrycia, aż ser się roztopi, a sos się podgrzeje.
2. Podawaj kurczaka z sosem na gorącym spaghetti. Podawać z parmezanem.
3. Porcja od 6 do 8.

Kurczak Cordon Bleu z wolnowaru Karla

SKŁADNIKI

- 4 do 6 piersi z kurczaka (rozbitych na cienkie kawałki)
- 4 do 6 cienkich plastrów szynki
- 4 do 6 plasterków sera szwajcarskiego lub sera mozzarella
- 1 puszka kremu zupy grzybowej (można użyć dowolnej zupy-kremu)
-

1/4 szklanki mleka

PRZYGOTOWANIE

1. Na kurczaka połóż szynkę i ser. Zwiń i zabezpiecz wykałaczką. Umieść kurczaka w cp, tak aby wyglądał jak trójkąt /_\ Połóż resztę na wierzchu. Wymieszaj zupę i mleko. Wylać na wierzch kurczaka.
2. Przykryj i gotuj na małym ogniu przez 4 do 6 godzin lub do momentu, aż kurczak przestanie być różowy.
3. Podawać z gorącym ugotowanym makaronem z sosem.

Kurczak słodko-kwaśny Kathy

SKŁADNIKI

- 6 średnich. marchewkę pokrojoną w 1/2-calowe kawałki lub paski
- 1/2 szklanki drobno posiekanej zielonej papryki
- 1/4 szklanki drobno posiekanej cebuli
- 6 połówek piersi z kurczaka, ze skórą lub bez
- 1/2 łyżeczki. sól
- 1 (10 uncji) słoik sosu słodko-kwaśnego
- 1 (15 uncji) puszka kawałków ananasa, odsączonych
- 2 łyżki stołowe. skrobia kukurydziana

PRZYGOTOWANIE

1. Umieść wszystkie składniki w powolnej kuchence lub garnku z kurczakiem na wierzchu.
2. Przykryj i gotuj na niskim poziomie 6-8 godzin. Wyjąć kurczaka i zagęścić sok 2 łyżkami skrobi kukurydzianej rozpuszczonymi tak, aby uzyskać średnio gęstą pastę z odrobiną zimnej wody.
3. Sosem polej piersi kurczaka lub usuń kurczaka z kości i wymieszaj z sosem. Podawać z gorącym ugotowanym ryżem.

Leniwy Kurczak Z Grzybami

SKŁADNIKI

- 4 do 6 połówek piersi kurczaka bez kości

- sól, pieprz i papryka

- 1 puszka (10 3/4 uncji) skondensowanej zupy-krem z grzybów (lub krem z kurczaka)

- 1/4 szklanki mąki uniwersalnej

- 1 puszka lub słoik (4 do 6 uncji) pokrojonych w plasterki grzybów

PRZYGOTOWANIE

1. Opłucz piersi z kurczaka i osusz. Posyp z obu stron solą, pieprzem i papryką słodką. Ułóż piersi z kurczaka w garnku. Połącz pozostałe składniki i polej nim kurczaka.
2. Przykryj i gotuj na poziomie LOW przez około 6 godzin, aż kurczak będzie ugotowany i miękki, ale nie suchy.
3. Podawać z makaronem, ryżem lub puree ziemniaczanym.

Piersi z kurczaka z cytryną i rozmarynem

SKŁADNIKI

- 1/2 s. sok cytrynowy
- 1 łyżka. olej roślinny
- 1 ząbek czosnku, zmiażdżony
- 1 łyżeczka. suszony rozmaryn
- 1/4 łyżeczki. sól
- 1/4 łyżeczki. pieprz
- 1 1/2 do 2 funtów piersi z kurczaka bez kości i skóry

PRZYGOTOWANIE

1. W dużej torbie do przechowywania żywności umieść sok z cytryny, oliwę, czosnek, rozmaryn, sól i pieprz. Dodaj kurczaka. Zamknij torebkę i marynuj w lodówce przez 3 do 4 godzin, od czasu do czasu obracając torebkę. Włóż kurczaka do wolnowaru i zalej marynatą. Przykryj i gotuj przez 6 do 8 godzin lub do miękkości, od czasu do czasu polewając marynatą, jeśli to możliwe. Możesz dodać mrożone brokuły i marchewkę na około 1 do 1 1/2 godziny przed gotowaniem.
2. Porcja od 4 do 6.

Lekki Strogonow z kurczaka
SKŁADNIKI

-
- 1 szklanka beztłuszczowej kwaśnej śmietany
- 1 łyżka mąki uniwersalnej Gold Metal
- 1 koperta mieszanki sosu do kurczaka (około 1 uncja)
- 1 szklanka wody
- 1 funt piersi kurczaka bez kości i skóry, pokrojonej na 1-calowe kawałki
- 16 uncji mrożonych warzyw kalifornijskich, rozmrożonych
- 1 szklanka pokrojonego w plasterki grzyba, podsmażonego
- 1 szklanka mrożonego groszku
- 10 uncji ziemniaków, obranych i pokrojonych na 1-calowe kawałki, około 2 średnie obrane ziemniaki
- 1 1/2 szklanki mieszanki do pieczenia Bisquick®
- 4 posiekane zielone cebule (1/3 szklanki)
-
- 1/2 szklanki 1% mleka o niskiej zawartości tłuszczu

PRZYGOTOWANIE

1. Wymieszaj śmietanę, mąkę, sos i wodę w garnku o pojemności od 3,5 do 5 litrów, aż masa będzie gładka. Wymieszaj kurczaka, warzywa i grzyby. Przykryj i gotuj na małym ogniu przez 4 godziny lub do momentu, aż kurczak będzie miękki, a sos zgęstnieje. Wymieszaj groszek. Wymieszaj masę do pieczenia i cebulę. Mieszaj mleko tylko do zwilżenia. Nakładaj ciasto zaokrąglonymi łyżkami na

mieszankę kurczaka i warzyw. Przykryj i gotuj na dużym ogniu przez 45 do 50 minut lub do momentu, aż wykałaczka wbita w środek klusek będzie czysta.
2. Podawaj natychmiast 4 porcje.

Kurczak w glazurze Lori's Crockpot
SKŁADNIKI

- 6 uncji soku pomarańczowego, zamrożony koncentrat, rozmrożony

- 6 połówek piersi z kurczaka

- 1/2 łyżeczki mielonego majeranku lub tymianku

- 1/8 łyżeczki mielonej gałki muszkatołowej

- posiekać proszek czosnkowy

- 1/4 szklanki zimnej wody

- 2 łyżki skrobi kukurydzianej

PRZYGOTOWANIE

1. W małej misce połącz rozmrożony koncentrat soku pomarańczowego z majerankiem, sproszkowanym czosnkiem i mieloną gałką muszkatołową. Umyj kurczaka i osusz; zanurz kawałki w mieszaninie soku pomarańczowego, aby całkowicie je pokryły. Umieścić w wolnowarze/garnku. Wlej pozostałą mieszaninę soku pomarańczowego na kurczaka. Przykryj i gotuj na małym ogniu przez 6 do 8 godzin lub do momentu, aż kurczak będzie miękki, a soki będą klarowne.
2. Gdy kurczak będzie gotowy, wyjmij go na półmisek.
3. Pozostały sos wlać do rondla. Wymieszaj skrobię kukurydzianą i wodę, a następnie dodaj sok na patelni. Gotuj na średnim ogniu, ciągle mieszając, aż masa będzie gęsta i musująca. Sos podawaj na kurczaka.

Kurczak Marie w winie

SKŁADNIKI

- 4 połówki piersi kurczaka bez kości

- mąka

- sól i pieprz

- 1/2 szklanki białego wina, wytrawnego

- 1 puszka kremu zupy grzybowej

- 1/2 szklanki posiekanej cebuli

PRZYGOTOWANIE

1. Pokrój 4 piersi z kurczaka bez kości i skóry na około 1-calowe kawałki. Lekko oprószyć mąką i posypać solą i pieprzem. Wlej 1/2 szklanki białego wina do gotowania do Crock Pot, dodaj kurczaka. Wlać jedną puszkę kremu zupy grzybowej i 1/2 szklanki posiekanej cebuli. Mieszać. Nie dodawaj wody, bo zrobi swój własny sos. Gotuj na niskim poziomie przez 7-8 godzin lub na wysokim poziomie przez 4-5 godzin. Podawaj z makaronem jajecznym lub czymkolwiek innym.
2. Służy 4.

Kurczak w curry z marmoladą

SKŁADNIKI

- 4 do 6 piersi z kurczaka bez kości i skóry

- 3/4 szklanki marmolady pomarańczowej

- 1/4 szklanki wody

- 1 łyżeczka curry w proszku

- 1/8 łyżeczki pieprzu cayenne

- sól i pieprz do smaku

PRZYGOTOWANIE

1. Połącz wszystkie składniki w powolnej kuchence. Przykryj i gotuj na małym ogniu przez 5 do 7 godzin. Podawaj piersi kurczaka z sokiem na gorącym ugotowanym ryżu. W razie potrzeby soki zagęszczamy łyżką skrobi kukurydzianej wymieszanej z niewielką ilością wody.
2. Porcja od 4 do 6.

Kurczak w stylu śródziemnomorskim

SKŁADNIKI

- 6 piersi z kurczaka bez skóry i kości
- 1 duża puszka sosu pomidorowego
- 1 mała puszka przecieru pomidorowego
- 1 puszka pokrojonych w plasterki grzybów
- 1 puszka dojrzałych oliwek, pokrojonych w plasterki lub w całości
- 1 łyżka czosnku
- 1 łyżka soku z cytryny
- 1 łyżeczka oregano
- 1 cebula, posiekana
- 1/2 szklanki wytrawnego białego wina, opcjonalnie
- gorący ugotowany ryż
- Sól dla smaku

PRZYGOTOWANIE

1. Umyj kurczaka i osusz. Połącz wszystkie składniki w powolnej kuchence z wyjątkiem ryżu. Przykryj i gotuj na małym ogniu przez 6 do 8 godzin. Podawaj kurczaka z sosem na ryżu.
2. Serwuje 6.

Kurczak słodko-kwaśny Michelle, wolnowar

SKŁADNIKI

- 4 średnie marchewki, pokrojone w plasterki

- 1 seler naciowy, pokrojony w plasterki

- 1/2 s. posiekana zielona papryka

- 1/2 s. posiekana cebula

- 3 piersi z kurczaka, przekrojone wzdłuż

- 1/2 łyżeczki. sól

- 1 słoik (10 uncji) sosu słodko-kwaśnego

- 1 - 151/2 uncji puszka kawałków ananasa, odsączonych

- 3 T. skrobi kukurydzianej

- 3 T. zimnej wody

- Gorący ugotowany ryż

PRZYGOTOWANIE

1. W powolnej kuchence umieść marchewkę, seler, zieloną paprykę i cebulę. Na wierzchu ułóż piersi z kurczaka. Posypać solą. Całość polewamy sosem słodko-kwaśnym i kawałkami ananasa. Okładka. Gotuj na niskim poziomie od 7 do 8 godzin lub na wysokim poziomie od 3 1/2 do 4 godzin. Wyjąć kurczaka, utrzymując go w cieple. Zmieszaj skrobię kukurydzianą i wodę, dodaj soki w powolnej kuchence/Crock Pot. Okładka; gotować na wysokim poziomie przez 10 do 15 minut lub do momentu zgęstnienia. Dopraw do smaku i podawaj z ryżem.

Nacho serowy kurczak

SKŁADNIKI

- 4 do 6 piersi z kurczaka bez kości i skóry

- 1 puszka (około 1 funta) pokrojonych w kostkę pomidorów w soku

- 1 puszka zagęszczonej zupy serowej nacho

- 1 puszka (4 uncje) łagodnych, posiekanych zielonych chili

- sól i pieprz do smaku

PRZYGOTOWANIE

1. Połącz wszystkie składniki w wolnowarze/garnku. Przykryj i gotuj na małym ogniu przez 7 do 9 godzin lub do momentu, aż kurczak będzie ugotowany. Podawać z gorącym, ugotowanym ryżem.
2. Porcja od 4 do 6.

Nancy Łatwy Kurczak

SKŁADNIKI

- 1 puszka kremu z selera
- 1 puszka kremu z kurczaka
- 2 puszki zupy z sera cheddar
-

4 do 6 piersi z kurczaka

PRZYGOTOWANIE

1. Włóż zupy i piersi z kurczaka do wolnowaru. Przykryj i gotuj na małym ogniu przez 5 do 6 godzin lub do momentu, aż kurczak będzie dokładnie ugotowany.

Przepis na kurczaka pomarańczowego, wolnowar

SKŁADNIKI

- 6 połówek piersi kurczaka, bez kości i skóry
- 1/2 łyżeczki mielonego imbiru
- 1 łyżeczka soli
- pieprz
- 6 uncji mrożonego koncentratu soku pomarańczowego
- gorący ugotowany ryż
- 1 szklanka wiórków kokosowych
- 1 1/2 szklanki kawałków pomarańczy lub mandarynek z puszki
-
4 zielone cebule, posiekane

PRZYGOTOWANIE

1. Połącz kurczaka, imbir, sól, pieprz i mrożony sok pomarańczowy w powolnej kuchence. Przykryj i gotuj na poziomie LOW przez 6 godzin. Ułóż kurczaka na łóżku z gorącego ugotowanego ryżu. Na wierzch połóż wiórki kokosowe, cząstki pomarańczy i zieloną cebulę.
2. Serwuje 6.

Kremowy kurczak i ryż Paige, wolnowar

SKŁADNIKI

- polędwiczki z kurczaka (3 na osobę)
- krem zupa grzybowa (1 puszka na 2-3 osoby, 2 na 4-6 osób)
- Mieszanka Zupy Cebulowej Mrs. Grass (1 na każdą puszkę zupy)
- 1 łyżka oliwy z oliwek
- ryż brązowy długoziarnisty (1 szklanka na puszkę zupy)
- 1 łyżka całego tymianku, zmiażdżonego
- sól i pieprz do smaku
- pożądana ilość różyczek brokułu (opcjonalnie)
- pokrojona w kostkę czerwona papryka (opcjonalnie)

PRZYGOTOWANIE

1. Jeśli używasz brązowego ryżu, potrzebujesz 2 1/4 szklanki płynu na każdą 1 szklankę ryżu. Więc opróżniam puszkę zupy do miarki i dodaję wodę (lub białe wino) do proporcji 2 1/2 (nie jest to literówka, potrzebujesz dodatkowej ilości do mieszanki zupy cebulowej). Na patelni rozgrzej oliwę z oliwek i wsyp ryż, aż zacznie trzeszczeć, ale nie będzie brązowy. Dzięki temu ryż będzie gęsty i pomoże mu zachować kształt podczas gotowania. Wymieszaj zupy z dodatkową ilością wody, ziołami i przyprawami.
2. Połącz wszystkie składniki (z wyjątkiem warzyw) w garnku i gotuj na maksymalnym poziomie przez 4-6 godzin lub 8-10

godzin na niskim poziomie. W ciągu ostatnich 30–45 minut dodaj wybrane warzywa.
3. Notatki Paige: Zwykle wychodzi jeden obiad dla nas dwojga, a drugi zostaje mi na lunch. Stało się to również częstą prośbą, gdy moja dalsza rodzina spotyka się na tydzień na plaży. Łatwe podłączenie, czesanie na plaży i powrót do domu głodny! Świetnie komponuje się z chrupiącym pieczywem i świeżą sałatką.

Kurczak Paprykowy Z Kluseczkami

SKŁADNIKI

- 6 połówek piersi kurczaka bez kości i skóry

- 1/2 szklanki posiekanej cebuli

- 1 łyżeczka. sól

- 1/2 łyżeczki czarny pieprz

- 1 łyżka. słodka węgierska papryka

- 1 szklanka bulionu z kurczaka

- 8 uncji kwaśnej śmietany

- 1 łyżka. skrobia kukurydziana lub mąka.

- ## Pierogi

- 3 duże jajka

- 1/3 szklanki wody

- 2 1/2 szklanki mąki uniwersalnej, około 11 uncji

PRZYGOTOWANIE

1. Dodaj cebulę do wolnowaru.
2. Dodać przyprawy, kurczaka i bulion z kurczaka.
3. Przykryj i gotuj na niskim poziomie przez 5 do 6 godzin.
4. Połącz śmietanę i skrobię kukurydzianą w misce lub filiżance.
5. Wmieszać do wolnowaru i podgrzać.
6. Posmakuj i dostosuj przyprawy.
7. Podawać z kluskami.

Pierogi: Pokonaj 3 jajka; dodaj 1/3 szklanki wody i 2 1/2 szklanki mąki Ubijaj łyżką, aż masa będzie gładka. Wrzucać z łyżeczki na wrzącą, osoloną wodę i gotować, aż kluski wypłyną na wierzch, około 10 minut.

Serwuje 6.

Kremowy Kurczak Pat's

SKŁADNIKI

- 4 do 6 połówek piersi kurczaka bez kości, pozbawionych skóry
- 1/4 szklanki roztopionego masła
- sól i pieprz do smaku
- suszony tymianek liściasty, do smaku
- 1 ząbek czosnku, posiekany
- 1 puszka (10 1/2 uncji) kremu z rosołu
- 8 uncji serka śmietankowego, pokrojonego w kostkę, można użyć obniżonej zawartości tłuszczu
- 1/2 szklanki bulionu z kurczaka
- 1 szklanka posiekanej cebuli
- 1/2 szklanki posiekanego selera

PRZYGOTOWANIE

1. Umieść piersi z kurczaka w garnku.
2. Kurczaka posmaruj masłem i posyp solą i pieprzem. Dodaj zioła i pozostałe składniki.
3. Przykryj i gotuj na małym ogniu przez 6 do 7 godzin.

Kurczak Peachy-Keen

SKŁADNIKI

- 6 do 8 połówek piersi kurczaka bez kości
- 1 opakowanie suchej mieszanki zupy złotocebulowej
- 3/4 szklanki konfitur brzoskwiniowych
- 1/4 szklanki rosyjskiego sosu sałatkowego
- 1 opakowanie (16 uncji) groszku, groszku cukrowego lub mieszanki warzyw orientalnych, rozmrożone

PRZYGOTOWANIE

1. Umyj kurczaka i osusz; umieścić w powolnej kuchence/Crock Pot. Dodać mieszankę zupy, konfitury i dressing. Mieszaj, aby połączyć. Gotuj na niskim poziomie przez 6 do 8 godzin lub na wysokim przez 3 do 4 godzin. Na ostatnie 30-60 minut dodaj warzywa (można je szybko rozmrozić pod bieżącą gorącą wodą). Podawać z ryżem.
2. Serwuje 6.

Prowincjonalny przepis na kurczaka

SKŁADNIKI

- 1 1/2 funta polędwiczek z kurczaka, zamrożonych

- 2 małe cukinie, pokrojone w kostkę

- 1 puszka (4 uncje) pokrojonych czarnych oliwek

- 1 łyżka octu winnego sherry, octu winnego białego lub octu balsamicznego

- 1 puszka dobrej jakości pokrojonych w kostkę pomidorów (około 15 uncji)

- 1 puszka (10 uncji) kremu z rosołu z ziołami

- 2 łyżeczki suszonych płatków pietruszki

- 1 łyżeczka suszonej bazylii

- 1 łyżka suszonej, posiekanej cebuli

- 1 szklanka startego sera Cheddar

- 2 do 3 łyżek kwaśnej śmietany (opcjonalnie)

- gorący makaron, ryż lub makaron

PRZYGOTOWANIE

1. Połącz pierwsze 9 składników w powolnej kuchence/garnku o pojemności 3 1/2 litra (lub większym). Przykryj i gotuj na małym ogniu przez 6 do 8 godzin. Na ostatnie 15 minut dodać ser i śmietanę. Podawać z gorącym makaronem, ryżem lub makaronem.
2. Ten przepis na kurczaka w garnku przeznaczony jest dla 4 osób.

Duszony Kurczak Rose-Marie

SKŁADNIKI

- 4 do 6 połówek piersi kurczaka bez kości, bez skóry
- 1 łyżka oliwy z oliwek z pierwszego tłoczenia
- 1 łyżka masła
- 1 duża cebula, pokrojona w plasterki
- 12 uncji małych grzybów portobello lub crimini, pokrojonych w plasterki
- warzywa, do wyboru, 2 szklanki pokrojone w plasterki/kosteczkę •
- 1 puszka (10 3/4 uncji) zagęszczonego kremu z rosołu
- 1 puszka (10 3/4 uncji) skondensowanej zupy kremowo-grzybowej
- 1 puszka (10 3/4 uncji) skondensowanej francuskiej zupy cebulowej
-

świeżo zmielony czarny pieprz

PRZYGOTOWANIE

1. Rozgrzej oliwę z oliwek i masło na patelni lub smaż na patelni na średnim ogniu. Kurczaka pokroić na kawałki wielkości kęsa i szybko zrumienić na gorącym tłuszczu.
2. Zdejmij kurczaka z patelni, odłóż na bok i smaż cebulę, aż zmięknie i lekko się zarumieni. Dodaj grzyby i smaż przez kolejne 5 minut.
3. Na dnie garnka ułóż pokrojone lub pokrojone w plasterki warzywa. Na wierzch połóż około połowy mieszanki grzybów i cebuli.

4. Na wierzch połóż zrumienionego kurczaka, a następnie pozostałą mieszaninę grzybów i cebuli.
5. Opróżnij wszystkie trzy puszki skondensowanej zupy na patelnię. Gotuj, mieszając, aż będzie gorąca, zeskrobując przyrumienione kawałki z dna patelni. Wlać gorącą zupę na mieszankę kurczaka w powolnej kuchence.
6. Posypać świeżo zmielonym czarnym pieprzem.
7. Przykryj i gotuj na poziomie WYSOKIM przez 2 1/2 do 3 godzin lub do momentu, aż kurczak będzie ugotowany, a warzywa będą miękkie. Lub gotuj potrawę przez około 5 do 6 godzin na poziomie LOW.
8. Podawać z ugotowanym ryżem, makaronem, ciastkami lub warzywami.

Kurczak w stylu rustykalnym z grzybami i pomidorami

SKŁADNIKI

- 1 do 1 1/2 funta piersi z kurczaka bez kości, pokrojonych w 1-calowe paski
- 1 łyżka prawdziwego boczku lub pokruszonego gotowanego boczku
- 1 puszka (14,5 uncji) pokrojonych w kostkę pomidorów, odsączonych
- 1 puszka (15 uncji) serc karczochów, pokrojonych w ćwiartki, odsączonych lub ugotowanych zamrożonych
- 1 puszka (4 uncje) pokrojonych w plasterki grzybów, odsączonych
- 1 opakowanie mieszanki suchego sosu do kurczaka (około 1 uncji)
- 1/4 szklanki czerwonego wina, np. cabernet lub pinot noir
-
2 łyżki musztardy Dijon

PRZYGOTOWANIE

1. Połącz wszystkie składniki w powolnej kuchence o pojemności 3 1/2 litra lub większej; wymieszać do połączenia. Przykryj i gotuj na niskim poziomie przez 6 do 8 godzin. Podawać z makaronem lub ryżem.
2. Służy 4.

Kurczak Sally Z Oliwkami

SKŁADNIKI

- 4 połówki piersi bez kości, bez skóry lub użyj kości
- 1/2 szklanki wina (czerwonego lub białego lub 1/4 szklanki każdego wina)
- 1/4 szklanki oliwy z oliwek
- 1/4 szklanki czerwonego octu winnego
- 1-2 łyżki oregano
- 2 liście laurowe
- 4-6 ząbków czosnku, zmiażdżonych
- 1/2 do 1 łyżeczki świeżo zmielonego pieprzu
- 1 łyżeczka soli
- 2 łyżki kaparów i trochę soku
- 1/3-1/2 szklanki zielonych oliwek
-
1/3 szklanki ciemnobrązowego cukru

PRZYGOTOWANIE

1. Umieść kurczaka w garnku. Wymieszaj pozostałe składniki; wylać na wierzch kurczaka. Gotuj na małym ogniu przez około 6 do 7 godzin. Oliwki po pewnym czasie gotowania są naprawdę pyszne – są trochę słodkie od brązowego cukru i są po prostu pyszne! Kurczaka tego można podawać również na zimno.
2. Służy 4.

Kurczak cytrynowy z wolnowaru

SKŁADNIKI

- 1 frytownica do brojlerów, pokrojona lub około 3 1/2 funta kawałków kurczaka

- 1 łyżeczka pokruszonych suszonych liści oregano

- 2 ząbki czosnku, posiekane

- 2 łyżki masła

- 1/4 szklanki wytrawnego wina, sherry, bulionu z kurczaka lub wody

- 3 łyżki soku z cytryny

- Sól i pieprz

PRZYGOTOWANIE

1. Kawałki kurczaka doprawiamy solą i pieprzem. Posyp kurczaka połową czosnku i oregano.
2. Rozpuść masło na patelni na średnim ogniu i obsmaż kurczaka ze wszystkich stron.
3. Przenieś kurczaka do garnka. Posyp resztą oregano i czosnkiem. Dodaj wino lub sherry na patelnię i mieszaj, aby poluzować brązowe kawałki; wlać do wolnowaru.
4. Przykryj i gotuj na NISKIM poziomie (200°) przez 7 do 8 godzin. Ostatnią godzinę dodaj sok z cytryny.
5. Odtłuść soki z tłuszczu i przełóż do miski; w razie potrzeby zagęścić soki.
6. Podawaj kurczaka z sokami.
7. Służy 4.

Nadziewane piersi z kurczaka w powolnej kuchence

SKŁADNIKI

- 6 połówek piersi kurczaka bez kości, bez skóry
- 6 cienkich plastrów szynki
- 6 cienkich plasterków sera szwajcarskiego
- 1/2 szklanki mąki uniwersalnej, doprawionej 1/2 łyżeczki
- sól i odrobina pieprzu
- 8 uncji świeżych pokrojonych grzybów
- 1/2 szklanki bulionu z kurczaka
- 1/2 szklanki wytrawnego białego wina lub Marsali
- 1/4 łyżeczki mielonego rozmarynu
- 1/4 szklanki startego parmezanu
- 2 łyżeczki skrobi kukurydzianej
- 1 łyżka zimnej wody
- sól i pieprz do smaku

PRZYGOTOWANIE

1. Umieść kawałki kurczaka pomiędzy 2 kawałkami woskowanego papieru lub plastikowej folii i delikatnie ubijaj, aż będą równomiernie spłaszczone. Na każdą pierś z kurczaka połóż 1 plaster szynki i 1 plaster sera; zwiń i zabezpiecz wykałaczkami, a następnie obtocz w przyprawionej mące. Włóż grzyby do garnka i połóż na nich roladki z kurczaka. W osobnej misce połącz bulion z kurczaka, wino i rozmaryn; polej kurczaka.

2. Posypać tartym parmezanem. Przykryj i gotuj na poziomie LOW przez 6 godzin. Tuż przed podaniem wymieszaj skrobię kukurydzianą i wodę. Usuń kurczaka; dodać mieszaninę skrobi kukurydzianej i mieszać, aż zgęstnieje. Dodaj sól i papier do smaku. Sosem polej kurczaka i podawaj.
3. **Serwuje 6.**

Wolno Gotowany Kurczak Dijon

SKŁADNIKI

-
- 1 do 2 funtów delikatnych piersi z kurczaka
- 1 puszka skondensowanego kremu z rosołu, nierozcieńczona (10 1/2 uncji)
- 2 łyżki zwykłej lub ziarnistej musztardy Dijon
- 1 łyżka skrobi kukurydzianej
- 1/2 szklanki wody
- pieprz do smaku
- 1 łyżeczka suszonych płatków pietruszki lub 1 łyżka świeżej posiekanej natki pietruszki

PRZYGOTOWANIE

1. Umyj kurczaka i osusz; ułożyć w powolnej kuchence. Połącz zupę z musztardą i gwiazdą kukurydzianą; dodać wodę i wymieszać. Wymieszać z pietruszką i pieprzem. Wlać mieszaninę na kurczaka. Przykryj i gotuj na poziomie LOW przez 6 do 7 godzin. Podawać z gorącym ugotowanym ryżem i dodatkiem warzyw.
2. Przepis na kurczaka Dijon serwuje od 4 do 6 osób.

Hiszpański kurczak z oliwkami i pomidorami

SKŁADNIKI

- 6 połówek piersi kurczaka bez kości, bez skóry
- przyprawiona sól i pieprz do smaku
- pokrojone dojrzałe oliwki, 4 uncje
- 1 puszka (4 uncje) pokrojonych w plasterki grzybów, odsączonych
- 1 puszka (14,5 uncji) duszonych pomidorów
- Płyn do przykrycia
- (piwo, zupa pomidorowa lub sos pomidorowy z taką samą ilością wody lub bulionu)

PRZYGOTOWANIE

1. Pokrój piersi z kurczaka na kawałki wielkości kęsa; pora roku. Połącz z pozostałymi składnikami w powolnej kuchence. Przykryj i gotuj na poziomie LOW przez 5 do 7 godzin. Podawać z gorącym ugotowanym ryżem.
2. Porcja od 4 do 6.

Pikantny Kurczak Crockpot Z Sosem Marmoladowym Chipotle

SKŁADNIKI

- 1 papryczka chipotle w sosie adobo, drobno posiekana, z około 1 łyżeczką sosu
- 1/3 szklanki marmolady ze słodkich pomarańczy
- 1 łyżeczka chili w proszku
- 1/4 łyżeczki czosnku w proszku
- 1 łyżka octu balsamicznego
- 1 łyżka miodu
- 1/2 szklanki bulionu z kurczaka
- 1 łyżka oleju roślinnego
- Posyp świeżo zmielonym czarnym pieprzem
- Posyp solą
- 4 połówki piersi kurczaka bez kości, bez skóry
- 1 łyżka skrobi kukurydzianej
- 2 łyżki zimnej wody

PRZYGOTOWANIE

1. Połączyć chipotle z sosem adobo, marmoladą, chili w proszku, czosnkiem w proszku, octem, miodem, bulionem z kurczaka i oliwą.
2. Piersi z kurczaka posyp solą i pieprzem. Ułóż je w powolnej kuchence; Całość zalewamy masą marmoladową.

3. Przykryj i gotuj na poziomie LOW przez 5 do 7 godzin lub do momentu, aż kurczak będzie ugotowany.
4. Połóż kurczaka na talerzu; przykryj i trzymaj w cieple.
5. Płyny wlewamy do rondla i doprowadzamy do wrzenia na dużym ogniu.
6. Zmniejsz ogień do średniego i gotuj, aż lekko się zmniejszy, około 5 minut.
7. Połącz skrobię kukurydzianą z zimną wodą, aż będzie gładka; dodać do sosu i kontynuować gotowanie, mieszając, przez około 1 minutę dłużej lub do momentu, aż zgęstnieje.
8. Podawaj kurczaka z gęstym sosem.
9. Służy 4.
10. Przepis można podwoić i gotować tyle samo czasu.

Przepis na szwajcarską zapiekankę z kurczaka, garnek

SKŁADNIKI

- 6 połówek piersi kurczaka bez kości, bez skóry

- 6 plasterków sera szwajcarskiego

- 1 puszka zagęszczonej (10 3/4 uncji) kremowej zupy grzybowej, nierozcieńczona

- 2 szklanki mieszanki nadzienia ziołowego

- 1/2 szklanki roztopionego masła lub margaryny

PRZYGOTOWANIE

1. Posmaruj masłem boki i spód wkładu naczyń wolnowaru lub spryskaj nieprzywierającym sprayem do gotowania.
2. Ułóż piersi z kurczaka na dnie garnka. Posyp serem szwajcarskim, a następnie polej serem kremową zupę grzybową.
3. Na warstwę zupy posypujemy okruszkami farszu i polewamy wierzch roztopionym masłem.
4. Gotuj na poziomie LOW przez 5 do 7 godzin lub na poziomie wysokim od 3 do 3 1/2 godziny.

Kurczak Miodowo-Musztardowy Tami's

SKŁADNIKI

- 4 do 6 połówek piersi kurczaka bez kości i skóry (lub użyj innych kawałków kurczaka)

- 3/4 szklanki musztardy Dijon lub użyj ulubionej musztardy dla smakoszy

- 1/4 szklanki miodu

PRZYGOTOWANIE

1. Włóż kurczaka do garnka. Wymieszaj musztardę z miodem i polej kurczaka. Gotuj na wysokim poziomie przez 3 godziny lub na niskim poziomie przez 6 do 8 godzin. Dostosuj czas dla kurczaka z kością.

Kurczak z papryczką cytrynową Tami, wolnowar

SKŁADNIKI

- 4 do 6 połówek piersi kurczaka bez kości, bez skóry lub innych części kurczaka

- przyprawa pieprz cytrynowy

- 2 łyżki roztopionego masła lub margaryny

PRZYGOTOWANIE

1. Włóż kurczaka do wolnowaru. Posypać obficie przyprawą z pieprzu cytrynowego. Posmaruj kurczaka masłem lub margaryną. Gotuj na poziomie LOW przez 6 do 8 godzin lub do momentu, aż kurczak będzie miękki.

Tawny's Crock „Pop" Kurczak

SKŁADNIKI

- 1 1/2 do 2 1/2 funta kawałków kurczaka, piersi itp.
- 1 mała butelka ketchupu (1 szklanka)
- 1 średnia cebula, posiekana
- 1 puszka ulubionej marki coli lub Dr. Pepper®

PRZYGOTOWANIE

1. Połącz wszystkie składniki w powolnej kuchence; przykryj i gotuj na małym ogniu przez 6 do 8 godzin.
2. Podawać z ryżem, makaronem lub ziemniakami.
3. Porcja od 4 do 6.

Białe Chili Z Kurczakiem

SKŁADNIKI

- 1 puszka sprayu na olej kuchenny

- 1 łyżka oliwy z oliwek

- 1 funt piersi kurczaka bez kości; usunięto skórę, pocięto na kawałki o wielkości 1/2 cala

- 1/4 szklanki posiekanej cebuli

- 3 ząbki czosnku, posiekane

- 1 puszka pomidorów (około 16 uncji), odsączona i pokrojona

- 1 puszka pomidorów Ro-tel, pokrojonych w kostkę pomidorów z zielonym chilli

- 1 puszka bulionu z kurczaka (1 1/2 szklanki)

- 1 puszka (4 uncje) posiekanej zielonej papryki chili, nieodsączonej

- 1/2 łyżeczki suszonych płatków oregano

- 1/2 łyżeczki nasion kolendry, zmiażdżonych

- 1/4 łyżeczki mielonego kminku

- 2 puszki fasoli północnej, odsączone

- 3 łyżki soku z limonki

- 1/4 łyżeczki czarnego pieprzu

- 1/2 szklanki posiekanego ostrego sera Cheddar

PRZYGOTOWANIE

1. Spryskaj dużą patelnię sprayem kuchennym, dodaj oliwę z oliwek i podgrzej na średnim ogniu, aż będzie gorąca. Dodaj pokrojonego w kostkę kurczaka i smaż przez 3 minuty lub do momentu, aż będzie gotowy. Zdejmij kurczaka z patelni. Umieść wszystkie składniki oprócz sera w garnku i gotuj przez 8 godzin. Każdą porcję posypujemy odrobiną startego sera. Podawaj chili z białego kurczaka z chipsami tortilla, salsą, kwaśną śmietaną i wybranymi przyprawami. Serwuje 6.

Will's Chicken Chili do wolnowaru

SKŁADNIKI

- 1 funt połówek piersi kurczaka lub delikatnych kawałków
- 2 puszki (około 14,5 uncji każda) bulionu z kurczaka
- 2 puszki (8 uncji każda) puszek sosu pomidorowego
- 1 cebula, pokrojona w kostkę
- 1 szklanka mrożonej kukurydzy
- 1 marchewka, pokrojona w plasterki
- 1 łodyga selera, pokrojona w kostkę
- 1 puszka (14,5 uncji) puszka pomidorów pokrojonych w kostkę
- 1 15-uncjowa puszka czerwonej fasoli plus płyn
- 1 słoik (4 uncje) pokrojonego w kostkę pimiento, odsączonego
- 1 papryczka jalapeno, pokrojona w kostkę
- 2 łyżeczki chili w proszku (lub więcej do smaku)
- 1 łyżeczka kminku
- 1 ząbek czosnku, posiekany (można zastąpić czosnek w proszku)
- 1/2 łyżeczki soli
- odrobina bazylii
- szczypta pieprzu cayenne (lub więcej do smaku)
- odrobina oregano
-

opcjonalne dodatki

- kwaśna śmietana

- mielona Pietruszka
- tarty ser (mieszanka meksykańska, cheddar jack, cheddar, pepper jack itp.)
- pokrojone w kostkę pomidory
- cienko pokrojona zielona cebula

PRZYGOTOWANIE

1. Połącz wszystkie składniki z wyjątkiem opcjonalnych dodatków w powolnej kuchence. Przykryj i gotuj na wysokim poziomie przez 2 godziny, a następnie na niskim poziomie przez dodatkowe 6 godzin.
2. Można też gotować chili na małym ogniu przez 8 do 10 godzin.
3. Podawać w miseczkach z wybranymi dodatkami.

Grube chilli z indyka

SKŁADNIKI

- 1 funt mielonego indyka lub mielonej wołowiny
- 1/2 szklanki grubo posiekanej cebuli
- 2 puszki (po 14,5 uncji każda) pokrojonych w kostkę pomidorów z sokiem
- 1 puszka (16 uncji) fasoli pinto, odsączonej i przepłukanej
- 1/2 szklanki grubej salsy, ulubionej
- 2 łyżeczki chili w proszku
- 1 1/2 łyżeczki mielonego kminku
- sól i pieprz do smaku
- 1/2 szklanki startego sera Cheddar lub mieszanki meksykańskiej
- 1 do 2 łyżek pokrojonych w plasterki czarnych oliwek

PRZYGOTOWANIE

1. Na dużej patelni na średnim ogniu podsmaż zmielonego indyka i cebulę na brązowo. Odsączyć nadmiar tłuszczu.
2. Przenieś rumianą mieszaninę do garnka z pomidorami, fasolą, salsą, chili w proszku i kminkiem. Delikatnie wymieszaj, aby połączyć składniki.
3. Przykryj i gotuj na poziomie LOW przez 5 do 6 godzin. Posmakuj i dopraw solą i pieprzem.
4. Podawać z kleksem kwaśnej śmietany, odrobiną startego sera i plasterkami czarnych oliwek.
5.
   Służy 4.

Pierś z indyka żurawinowo-jabłkowego

SKŁADNIKI

-
2 łyżki masła

-

1 duży seler naciowy, posiekany

- 2 łyżki drobno posiekanej cebuli lub szalotki, opcjonalnie
- 1 jabłko, obrane, wydrążone i pokrojone w kostkę
- 2 szklanki bułki tartej z przyprawionym ziołami
- 1/2 szklanki bulionu z kurczaka
- 1 puszka (14 uncji) sosu żurawinowego z całych jagód, podzielona
- 1 łyżeczka przyprawy do drobiu
- kotlety z piersi indyka, około 1 1/2 do 2 funtów
- sól koszerna i świeżo zmielony czarny pieprz

PRZYGOTOWANIE

1. Na dużej patelni lub patelni na średnim ogniu rozpuść masło. Dodaj seler, cebulę (jeśli używasz) i pokrojone w kostkę jabłko. Gotuj, mieszając, przez około 5 minut.
2. W dużej misce wymieszaj okruchy farszu ze smażoną mieszanką warzyw, bulionem z kurczaka, 1 szklanką sosu żurawinowego i przyprawą do drobiu. Dobrze wymieszaj, aby się wymieszać.
3. Nałóż kilka łyżek farszu na kotlet z piersi indyka. Zaczynając od dłuższego końca, zwiń i zabezpiecz wykałaczkami.
4. Ułóż bułki w powolnej kuchence.

5. Alternatywnie możesz lekko zwinąć indyka bez farszu i nałożyć masę nadzienia wokół bułek.
6. Rozłóż nadmiar farszu wokół bułek z indyka. Posyp solą koszerną i świeżo zmielonym czarnym pieprzem.
7. Przykryj i gotuj na poziomie NISKIM przez 5 godzin lub na poziomie WYSOKIM przez około 2 1/2 godziny.

Pierś z Indyka Z Sosem Pomarańczowo-Żurawinowym

SKŁADNIKI

- 1/4 szklanki granulowanego cukru
- 2 łyżki skrobi kukurydzianej
- 3/4 szklanki marmolady pomarańczowej
- 1 szklanka świeżej żurawiny, zmielonej lub drobno posiekanej
- 1 mała pierś z indyka bez kości, około 3 do 4 funtów
- sól i pieprz do smaku

PRZYGOTOWANIE

1. W małym rondlu wymieszaj cukier i skrobię kukurydzianą; wymieszać z marmoladą i żurawiną. Gotuj na średnim ogniu, mieszając, aż mieszanina zacznie się pienić i lekko zgęstnieje.
2. Włóż pierś z indyka do wolnowaru. Całość posyp solą i pieprzem.
3. Sosem polej indyka.
4. Przykryj i gotuj na poziomie HIGH przez 1 godzinę. Zmniejsz ogień do NISKIEGO i gotuj od 6 do 8 godzin dłużej.

5. Włóż termometr natychmiastowy do najgrubszej części piersi indyka, aby sprawdzić, czy jest gotowa.
6. Powinien zarejestrować co najmniej 165° F do 170° F.
7. Indyka pokroić w plasterki i podawać z sosem.
8. Na 6 do 8 porcji.

Indyk żurawinowy w garnku

SKŁADNIKI

- 1 pierś z indyka rozmrożona w lodówce

- 1 koperta Mieszanka zupy cebulowej Lipton (ja użyłam ziołowej)

- 1 puszka sosu żurawinowego

PRZYGOTOWANIE

1. Umieść indyka w garnku Crock Pot. Wymieszać sos żurawinowy z zupą i polać indyka.
2. Gotuj na wysokim poziomie przez 2 godziny, następnie na niskim poziomie przez 6 do 7 godzin.
3. Pierś z indyka powinna wykazywać co najmniej 165 na termometrze spożywczym włożonym w najgrubszą część mięsa.

Crockpot Indyk Z Kwaśną Śmietaną

SKŁADNIKI

- 1 pierś z indyka bez kości (około 3 1/2 funta)
- 1 łyżeczka soli
- 1/4 łyżeczki pieprzu
- 2 łyżeczki suszonego koperku, podzielone
- 1/4 szklanki wody
- 1 łyżka octu białego lub winnego
- 3 łyżki mąki
- 1 szklanka kwaśnej śmietany

PRZYGOTOWANIE

1. Posyp obie strony piersi z indyka solą, pieprzem i 1 łyżeczką kopru włoskiego. Włóż pierś z indyka do garnka. Dodaj wodę i ocet. Przykryj i gotuj na małym ogniu przez 7 do 9 godzin lub do miękkości. Wyjmij pierś z indyka na talerz; trzymaj się ciepło. Przelej soki do rondla; umieścić na płycie kuchennej i

podgrzewać na średnim ogniu. Gotuj na wolnym ogniu bez przykrycia przez około 5 minut, aby zredukować płyn. Mąkę rozpuścić w niewielkiej ilości zimnej wody i wymieszać z płynem.
2. Dodaj pozostałą łyżeczkę ziela kopru.
3. Gotuj, aż zgęstnieje, około 15 do 20 minut. Wymieszaj śmietanę i wyłącz ogień. Mięso pokroić i podawać z sosem śmietanowym.
4. Serwuje 6.

Kanapki z Indykiem

SKŁADNIKI

-
- 6 w. pokrojony w kostkę indyk
- 3 szklanki sera Velveeta (ser amerykański), pokrojonego w kostkę lub startego
- 1 puszka (10 3/4 uncji) kremowej zupy grzybowej
- 1 puszka (10 3/4 uncji) kremu z rosołu
- 1 cebula, posiekana
- 1/2 s. Cudowny bicz

PRZYGOTOWANIE

1. W powolnej kuchence wymieszaj pokrojonego w kostkę indyka, ser, krem z grzybów, krem z kurczaka, cebulę i Miracle Whip. Przykryj i gotuj na małym ogniu przez 3 do 4 godzin. Od czasu do czasu mieszaj mieszaninę z indykiem. W razie potrzeby dodać trochę wody. Podawać z dzielonymi bułeczkami.

Crockpot Indyk Z Czosnkiem

SKŁADNIKI

- 1 1/2 funta ud indyka bez kości, bez skóry
- sól i pieprz lub pieprz cytrynowy do smaku
- 1 łyżka oliwy z oliwek
- 6 ząbków czosnku, pozostawionych w całości
- 1/2 szklanki wytrawnego białego wina
- 1/2 szklanki bulionu z kurczaka
- 1 łyżka posiekanej natki pietruszki

PRZYGOTOWANIE

1. Indyka doprawić solą i pieprzem lub pieprzem cytrynowym. Na dużej patelni, na średnim ogniu, rozgrzej oliwę z oliwek. Dodaj uda z indyka; brązowieć przez około 10 minut.
2. Umieść indyka w powolnej kuchence; dodać pozostałe składniki. Gotuj na poziomie WYSOKIM przez 3 do 4 godzin lub do momentu, aż uda z indyka będą ugotowane. Wyjmij ząbki czosnku z garnka. Rozgnieć kilka i wróć do wolnowaru, jeśli chcesz. Podawaj indyka z sokami.
3. Porcja od 4 do 6.

Mielony sos do makaronu z indykiem

SKŁADNIKI

- 3 łyżki oliwy z oliwek

- 1 funt mielonego indyka

- 1 (14,5 uncji) puszka duszonych pomidorów

- 1 (6 uncji) puszka koncentratu pomidorowego

- 1/2 łyżeczki suszony tymianek

- 1 łyżeczka suszonej bazylii liściastej

- 1/2 łyżeczki Oregano

- 1/2 do 1 łyżeczki cukru, opcjonalnie

- 1 łyżeczka soli lub do smaku

- 1/2 szklanki posiekanej cebuli

- 1 papryka, posiekana

- 2 ząbki zmiażdżonego czosnku

-
1 liść laurowy

-
1/4 szklanki wody

- 4 uncje posiekanych lub pokrojonych w plasterki grzybów, świeżych lub odsączonych z puszki

PRZYGOTOWANIE

1. Wlej olej na patelnię; powoli zarumienij mielonego indyka. Podczas gdy mielony indyk się gotuje, do wolnowaru włóż duszone pomidory, koncentrat pomidorowy, tymianek, bazylię, oregano, sól i cukier. Dobrze wymieszaj i gotuj na małym ogniu. Gdy indyk się zarumieni, przełóż go do wolnowaru łyżką cedzakową. Na patelni podsmaż cebulę, paprykę, czosnek i liść laurowy, aż zmiękną. Do wolnowaru dodaj 1/4 szklanki wody i posiekane grzyby.
2. Przykryj i gotuj na małym ogniu przez 4 do 6 godzin. W razie potrzeby rozcieńczyć niewielką ilością wody.
3. Podawaj z gorącym, ugotowanym spaghetti, ulubionym ugotowanym makaronem.
4. Serwuje 6.

Mielony Indyk Niechlujny Joes

SKŁADNIKI

- 2 funty mielonego indyka

- 1 szklanka posiekanej cebuli

- 2 puszki (15 uncji każda) sosu pomidorowego

- 1 puszka (6 uncji) koncentratu pomidorowego

- 1/2 szklanki brązowego cukru (mocno zapakowanego)

- 1/3 szklanki czerwonego wina lub octu jabłkowego

- 2 łyżki sosu Worcestershire

- 2 łyżki płynnego dymu

- 1/2 łyżeczki soli sezonowanej

- 1/4 łyżeczki czarnego pieprzu

PRZYGOTOWANIE

1. Smażyć indyka z cebulą na średnim ogniu przez około 6 do 8 minut. Odpływ.
2. Przenieś indyka i cebulę do wolnowaru. Wymieszaj pozostałe składniki.
3. Przykryj i gotuj na niskim poziomie przez 6 do 7 godzin. Podawać na bułkach lub kromkach chleba.
4. Porcja od 8 do 10.

Łatwy w powolnej kuchence Cassoulet

SKŁADNIKI

-
- 1 łyżka oliwy z oliwek z pierwszego tłoczenia

-
- 1 duża cebula, drobno posiekana

- 4 udka z kurczaka bez kości i skóry, grubo posiekane

- 1/4 funta gotowanej wędzonej kiełbasy, takiej jak kiełbasa lub pikantna andouille, pokrojona w kostkę

- 3 ząbki czosnku, posiekane

- 1 łyżeczka suszonych liści tymianku

- 1/2 łyżeczki czarnego pieprzu

- 4 łyżki koncentratu pomidorowego

- 2 łyżki wody

- 3 puszki (około 15 uncji każda) wspaniałej fasoli północnej, przepłukane i odsączone

-
- 3 łyżki posiekanej świeżej natki pietruszki

PRZYGOTOWANIE

1. Rozgrzej oliwę z oliwek na dużej patelni na średnim ogniu.
2. Dodaj cebulę do gorącego oleju i smaż, mieszając, aż cebula będzie miękka, około 4 minut.
3. Wymieszaj kurczaka, kiełbasę, czosnek, tymianek i pieprz. Gotuj od 5 do 8 minut lub do momentu, aż kurczak i kiełbasa się zarumienią.

4. Wymieszaj koncentrat pomidorowy i wodę; przełożyć do wolnowaru. Wymieszaj wspaniałą fasolę północną z mieszanką kurczaka; przykryj i gotuj na poziomie LOW przez 4 do 6 godzin.
5. Przed podaniem posyp cassoulet posiekaną natką pietruszki.
6. Serwuje 6.

Grillowane na wyspie nogi indyka

SKŁADNIKI

- 4 do 6 udek indyczych

- Sól i pieprz

- 1/2 szklanki ketchupu

- 5 łyżek octu jabłkowego

- 1 łyżka sosu Worcestershire

- 4 łyżki ciemnego brązowego cukru

- 1 łyżeczka płynnego dymu, opcjonalnie

- 1 puszka (8 uncji) zmiażdżonego ananasa, dobrze odsączonego

- 1/2 szklanki posiekanej cebuli

PRZYGOTOWANIE

1. Lekko natłuścić wyłożenie naczyń w powolnej kuchence. Ułóż udka z indyka w powolnej kuchence i posyp solą i pieprzem.

Połącz pozostałe składniki; nałóż łyżką na nogi indyka i obróć, aby dobrze je pokryć. Przykryj i gotuj na poziomie LOW przez 7 do 9 godzin.
2. Porcja od 4 do 6.

Pierś z indyka z ziołami cytrynowymi

SKŁADNIKI

- 1/4 szklanki granulowanego cukru

- 2 łyżki skrobi kukurydzianej

- 3/4 szklanki marmolady pomarańczowej
- 1 szklanka świeżej żurawiny, zmielonej lub drobno posiekanej
- 1 mała pierś z indyka bez kości, około 3 do 4 funtów
- sól i pieprz do smaku

PRZYGOTOWANIE

1. W małym rondlu wymieszaj cukier i skrobię kukurydzianą; wymieszać z marmoladą i żurawiną. Gotuj na średnim ogniu, mieszając, aż mieszanina zacznie się pienić i lekko zgęstnieje.
2. Włóż pierś z indyka do wolnowaru. Całość posyp solą i pieprzem.
3. Sosem polej indyka.
4. Przykryj i gotuj na poziomie HIGH przez 1 godzinę. Zmniejsz ogień do NISKIEGO i gotuj od 6 do 8 godzin dłużej.
5. Włóż termometr natychmiastowy do najgrubszej części piersi indyka, aby sprawdzić, czy jest gotowa.
6. Powinien zarejestrować co najmniej 165° F do 170° F.
7. Indyka pokroić w plasterki i podawać z sosem.
8. Na 6 do 8 porcji.

Indyk wolnowarowy i dziki ryż

SKŁADNIKI

- 6 do 8 plasterków boczku, pokrojonych w kostkę, smażonych, aż będą chrupiące i odsączone

- 1 funt polędwiczek z indyka, pokrojonych na 1-calowe kawałki

- 1/2 szklanki posiekanej cebuli

- 1/2 szklanki pokrojonej w plasterki marchewki

- 1/2 szklanki pokrojonego w plasterki selera

- 2 puszki (po 14 1/2 uncji) kurczaka

- bulion lub 3 1/4 szklanki bulionu przygotowanego na bazie lub w granulkach

- 1 puszka (10 3/4 uncji). zagęszczony krem z rosołu lub krem z rosołu z ziołami

- 1/4 łyżeczki. suszony majeranek

- 1/8 łyżeczki. pieprz

- 1 1/4 szklanki nieugotowanego dzikiego ryżu, opłukanego

PRZYGOTOWANIE

1. Na ciężkiej patelni usmaż boczek, aż będzie chrupiący; wyjąć łyżką cedzakową i odstawić. W odcieku zrumienić kawałki indyka, gotując przez około 3 do 4 minut. Dodaj cebulę, marchewkę i seler; gotować i mieszać 2 minuty.
2. W powolnej kuchence wymieszaj połowę bulionu z zupą. Dodajemy pozostały bulion, majeranek i pieprz. Wymieszaj mieszankę z indyka, bekon i dziki ryż.
3. Przykryj i gotuj na wysokim poziomie przez 30 minut.

4. Zmniejsz ogień do niskiego. Gotuj 6-7 godzin, aż ryż będzie miękki i wchłonie płyn. Indyk i dziki ryż serwuje 6.

Wolno Gotowany Indyk I Warzywa

SKŁADNIKI

- Pierś z indyka bez kości, około 1 1/2 do 2 funtów
- 1 cebula (pokrojona na cztery plasterki)
- 2 małe ziemniaki, pokrojone w plasterki
- 2 małe rzepy, pokrojone w kostkę, opcjonalnie
- małe marchewki
- 1 opakowanie mieszanki suchego sosu do kurczaka
- 3/4 szklanki wytrawnego białego wina
- 1/4 szklanki wody

PRZYGOTOWANIE

1. Dopraw indyka solą, pieprzem i obsmaż ze wszystkich stron na patelni spryskanej sprayem kuchennym.
2. Dodać cebulę i smażyć, aż lekko się zrumieni.
3. Spryskaj wolnowar sprayem kuchennym i połóż marchewki na dnie; Kontynuuj układanie warstw ziemniaków, rzepy i cebuli.
4. Połóż indyka na warzywach.

5. Wymieszaj sos z winem i wodą; podgrzej na płycie kuchennej lub w kuchence mikrofalowej, a następnie polej indyka i warzywa.
6. Przykryj i gotuj na wysokim poziomie przez 2 godziny, a następnie ustaw na LOW i gotuj od 3 do 4 godzin dłużej.
7. Służy 4.

Polędwiczki z piersi indyka z sosem pomarańczowo-żurawinowym

SKŁADNIKI

- 2 funty polędwiczek z piersi indyka
- 1/3 szklanki soku pomarańczowego
- 3/4 szklanki całego sosu żurawinowego
- 2 łyżki brązowego cukru
- 1 łyżka sosu sojowego
- 1/2 łyżeczki ziela angielskiego
- 1 łyżka skrobi kukurydzianej rozpuszczona w 1 łyżce zimnej wody
- sól i pieprz do smaku

PRZYGOTOWANIE

1. Połącz wszystkie składniki; obróć indyka do sierści. Przykryj i gotuj na niskim poziomie przez 7 do 9 godzin lub na wysokim poziomie przez 3 1/2 do 4 godzin. Około 10 minut przed podaniem dodaj mieszaninę skrobi kukurydzianej i zimnej wody. Doprawić do smaku solą i pieprzem.
2. Służy 4.

Indyk Z Słodkiego Ziemniaka

SKŁADNIKI

- 3 średnie słodkie ziemniaki lub zwykłe ziemniaki, obrane i pokrojone w 2-calową kostkę
- 1 1/2 do 2 funtów ud indyka, bez skóry
- 1 słoik (12 uncji) sosu z indyka (lub użyj 1 1/2 do 2 filiżanek)
- 2 łyżki stołowe. mąka
- 1 łyżeczka. suszona pietruszka
- 1/2 łyżeczki suszonego rozmarynu, zmiażdżonego
- 1/4 łyżeczki suszonego tymianku liściastego
- 1/8 łyżeczki. pieprz
- 1 1/2 do 2 szklanek mrożonej, pokrojonej zielonej fasolki

PRZYGOTOWANIE

1. W powolnej kuchence ułóż warstwami słodkie ziemniaki i indyka.
2. Połącz sos, mąkę, pietruszkę, rozmaryn, tymianek i pieprz; mieszaj, aż będzie gładka. Polej sosem indyka i słodkie ziemniaki.
3. Przykryj i gotuj na wysokim poziomie przez 1 godzinę. Zmniejsz ogień do małego i gotuj 5 godzin dłużej.

4. Dodaj fasolkę szparagową do wolnowaru; zamieszać. Przykryj i gotuj przez 1 do 2 godzin lub do momentu, aż indyk będzie miękki, a sok będzie przezroczysty.
5. Wyjmij indyka i warzywa na półmisek za pomocą łyżki cedzakowej.
6. Wymieszaj sos i podawaj z indykiem i warzywami.
7. Serwuje 6

Crock Pot z indykiem i ryżem

SKŁADNIKI

- 2 puszki (po 10 3/4 uncji każda) krem zupy grzybowej lub krem z selera
- 2 1/2 szklanki wody
- 2 1/2 szklanki niegotowanego, przetworzonego białego ryżu
- 1 szklanka pokrojonego w plasterki selera
- 1/4 szklanki drobno posiekanej cebuli
- 2 szklanki gotowanego indyka pokrojonego w kostkę
- 2 szklanki mrożonego groszku i marchewki
- 1 łyżeczka mieszanki przypraw do drobiu

PRZYGOTOWANIE

1. Do wolnowaru wlać zupę i wodę, dokładnie wymieszać. Dodać pozostałe składniki i wymieszać. Gotuj od 5 do 7 godzin na poziomie niskim lub od 2 1/2 do 3 1/2 godziny na poziomie wysokim. Od czasu do czasu sprawdzaj, czy ryż się nie rozgotował. Służy 8.

Łatwa, wolno gotowana pierś z indyka

SKŁADNIKI

- 1 pierś z indyka, około 5 funtów

- 1/2 szklanki (4 uncje) roztopionego masła

- sól i pieprz

- 2 łyżki skrobi kukurydzianej zmieszanej z 2 łyżkami wody

- 1/2 do 1 szklanki bulionu z kurczaka, w razie potrzeby

PRZYGOTOWANIE

1. Posyp solą i pieprzem pierś z indyka i ułóż ją w dużym, wolnowarowym naczyniu. Na indyka wlać roztopione masło.
2. Przykryj i gotuj na poziomie WYSOKIM przez 6 do 7 godzin lub do momentu, aż indyk się zarumieni, a po nakłuciu nożem zacznie wypływać czysty sok.
3. Wlać sok z wolnowaru do rondla. Powoli doprowadzić do wrzenia, następnie dodać mieszaninę skrobi kukurydzianej i wody. Dodaj trochę bulionu z kurczaka, około 1/2 do 1 szklanki, w zależności od ilości płynów pozostałych w garnku.
4. Ubijaj na średnim ogniu, aż masa będzie gładka i zgęstniała.

Ciasto Tamale z Mielonym Indykiem

SKŁADNIKI

- 1 funt mielonego indyka
- 3/4 szklanki żółtej mąki kukurydzianej
- 1 1/2 szklanki mleka
- 1 roztrzepane jajko
- 1 opakowanie (1 1/4 uncji) mieszanki przypraw chili
- 1 puszka (11 do 16 uncji) kukurydzy z całych ziaren, odsączonej
- 1 puszka (14,5 do 16 uncji) pomidorów, pokrojona
-
1 szklanka startego sera

PRZYGOTOWANIE

1. Indyka zrumienić i dobrze odsączyć. W misce wymieszaj mąkę kukurydzianą, mleko i jajko. Dodać odsączone mięso, suszoną mieszankę chili, pomidory i kukurydzę. Zamieszać. Wlać do wolnowaru o pojemności 3 1/2 litra lub większej. Przykryj i gotuj przez 1 godzinę na maksymalnym poziomie, następnie zmniejsz na niskim poziomie i gotuj 3 godziny na niskim poziomie. Posypać serem. Gotuj kolejne 5 do 10 minut.
2. Serwuje 6.

Indyk Grill

SKŁADNIKI

- 2 do 3 funtów kotletów lub kotletów z indyka

- 2 zielone papryki lub kombinacja czerwonej, żółtej i zielonej papryki, pokrojone w paski

- 1 łyżeczka soli selerowej

- Odrobina pieprzu

- 1 do 2 łyżek drobno posiekanej cebuli lub 2 łyżeczki suszonej, posiekanej cebuli

-
2 szklanki gęstego sosu barbecue

PRZYGOTOWANIE

1. Kotlety z indyka oprószyć solą i pieprzem. Piec w piekarniku nagrzanym na 350° przez 1 godzinę pod przykryciem. Odkryj, aby uzyskać pożądany ciemniejszy kolor. W międzyczasie połącz sos barbecue i sól selerową w wolnowarze o pojemności 5 litrów. Dodaj zieloną paprykę i cebulę. Przykryj i gotuj na wysokim ogniu, podczas gdy indyk się piecze. Pokrój indyka (według uznania na małe lub średnie kawałki) i dodaj do wolnowaru/Crock Pot. Przykryj i gotuj na małym ogniu przez 4 godziny lub na WYSOKIM przez 2 godziny.
2. Podawać ze świeżymi bułeczkami.
3. Przepis na indyka podaje od 4 do 6 porcji.

Crockpot z indykiem i quesadillas

SKŁADNIKI

- 1 pierś z indyka, około 5 funtów, z kością
- 3/4 szklanki pietruszki, podzielone
- 1/2 szklanki oleju roślinnego
- 2 łyżki soli
- 2 łyżki czarnego pieprzu
- 1 szklanka octu jabłkowego

PRZYGOTOWANIE

1. Umieść indyka w dużym wolnowarze. Wymieszaj 1/2 szklanki posiekanej natki pietruszki, oleju roślinnego, soli, pieprzu i octu; polej pierś z indyka. Posyp na wierzch pozostałą natką pietruszki. Gotuj od 4 do 4 1/2 godziny na wysokim poziomie lub od 8 do 9 godzin na niskim poziomie. Wyjmij z wolnowaru i odstaw na 15 minut przed pokrojeniem.
2. Serwuje 6.

3. Aby przygotować Ouesadillas z indyka: Rozgrzej 1 łyżeczkę oleju na patelni na średnim ogniu. Umieść tortillę z mąki na patelni i posmaruj około 1/2 szklanki mieszanki serów meksykańskich i 1/4 do 1/2 szklanki pokrojonego w kostkę indyka.
4. Na wierzch ułóż drugą tortillę. Gotuj, aż ser zacznie się topić. Obróć szpatułką i smaż z drugiej strony. Pokrój quesadillę na ćwiartki i podawaj z salsą.
5. Serwuje 6

Pierś z Indyka Z Marmoladą

SKŁADNIKI

- pierś z indyka (zmieściła się w garnku)

- 1 słoiczek marmolady pomarańczowej lub dżemu ananasowo-pomarańczowego

- cynamon

PRZYGOTOWANIE

1. Włóż pierś z indyka do wolnowaru/garna, zalej 1 słoik marmolady pomarańczowej lub dżemu ananasowego/pomarańczowego i posyp odrobiną cynamonu. Gotuj na niskim poziomie przez 6 do 8 godzin lub na wysokim przez około 4 godziny.

Zapiekanka z indyka i brokułów w powolnej kuchence

SKŁADNIKI

- 8 uncji grzybów
- 2 łyżki masła
- 1 puszka (10 3/4 uncji) skondensowanej zupy ze złocistych grzybów
- 5 łyżek majonezu, około 1/3 szklanki
- 3 łyżki mleka
- 1 łyżka przygotowanej musztardy
- 1/4 łyżeczki czarnego pieprzu
- 4 szklanki pokrojonego w kostkę gotowanego indyka
- 16 uncji mrożonych, ciętych brokułów
- 1 szklanka startego sera amerykańskiego
- 1/4 szklanki prażonych migdałów • opcjonalnie

PRZYGOTOWANIE

1. Spryskaj wnętrze garnka sprayem kuchennym lub lekko posmaruj masłem.
2. Na patelni, na średnim ogniu, podsmaż pokrojone w plasterki grzyby na maśle, aż będą miękkie. W garnku wymieszaj grzyby, zupę, majonez, mleko, musztardę i pieprz. Wymieszać z pokrojonym w kostkę indykiem i brokułami. Przykryj i gotuj na poziomie LOW przez 5 godzin. Wymieszaj ser; przykryć i gotować 30 minut dłużej. W razie potrzeby tuż przed podaniem posyp prażonymi migdałami.

3. Serwuje 6.

•Aby prażyć orzechy, rozłóż je w jednej warstwie na blasze do pieczenia. Piec w piekarniku nagrzanym na 350°, od czasu do czasu mieszając, przez 10 do 15 minut. Możesz też smażyć tosty na nienatłuszczonej patelni na średnim ogniu, mieszając, aż uzyskasz złoty kolor i aromat.

Ciasto z indyka w powolnej kuchence

SKŁADNIKI

- 3 szklanki pokrojonego w kostkę gotowanego kurczaka lub indyka
- 2 puszki (14 1/2 uncji każda) bulionu z kurczaka
- 1/2 łyżeczki soli
- 1/2 łyżeczki pieprzu
- 1 łodyga selera, pokrojona w cienkie plasterki
- 1/2 szklanki posiekanej cebuli
- 1 mały liść laurowy
- 3 szklanki pokrojonych w kostkę ziemniaków
- 1 opakowanie mrożonych warzyw mieszanych (16 uncji)
- 1 szklanka mleka
- 1 szklanka mąki
- 1 łyżeczka czarnego pieprzu
- 1/2 łyżeczki mieszanki przypraw do drobiu
- 1/2 łyżeczki soli
- 1 9-calowy, chłodzony spód ciasta

PRZYGOTOWANIE

1. W wolnej kuchence połącz kurczaka, bulion z kurczaka, 1/2 łyżeczki soli, 1/2 łyżeczki pieprzu, seler, cebulę, liść laurowy, ziemniaki i mieszankę warzyw. Przykryj i gotuj na niskim poziomie przez 7 do 9 godzin lub na wysokim poziomie przez 3 1/2 do 4 1/2 godziny. Usuń liść laurowy.

2. Rozgrzej piekarnik do 375°. W małej misce wymieszaj mleko i mąkę. Stopniowo mieszaj mieszaninę mąki i mleka w powolnej kuchence. Wymieszaj pieprz, przyprawę do drobiu i sól. Usuń wkładkę z podstawy wolnowaru i ostrożnie połóż na mieszance 9-calową skorupę ciasta.

3. **Włóż naczynia do nagrzanego piekarnika i piecz (bez przykrycia) przez około 15 do 20 minut lub do momentu, aż się zarumienią. Jeśli wyłożonej formy nie można wyjąć lub jest za duża w stosunku do ciasta, włóż mieszaninę do naczynia żaroodpornego, przykryj ciastem i piecz jak powyżej.**

4. Służy 8.

Indyk Z Sosem

SKŁADNIKI

- 1 do 1 1/2 funta polędwiczek z piersi indyka (przekrojonych na pół, jeśli są duże) lub pokrojonych kotletów z indyka

- 1 opakowanie mieszanki sosu do indyka (suchego)

- 1 puszka kremu z grzybów (zwykłej lub 98% beztłuszczowej)

- 1 łyżka mieszanki zupy pieczarkowo-cebulowej (sucha mieszanka, około 1/2 opakowania) lub użyj kilku

- łyżki posiekanej cebuli i suszonych lub konserwowych grzybów

- sól i pieprz do smaku

PRZYGOTOWANIE

1. Połącz wszystkie składniki w garnku Crock Pot; przykryj i gotuj na małym ogniu przez 6 1/2 do 8 godzin. Podawać z ryżem lub ziemniakami.
2. Służy 4.

Turcja Madera

SKŁADNIKI

- 1 1/2 funta polędwiczek z piersi indyka

- 2 uncje suszonych grzybów

- 3/4 szklanki bulionu z kurczaka

- 3 łyżki wina Madera

- 1 łyżka soku z cytryny

- sól i pieprz do smaku

PRZYGOTOWANIE

1. Przykryj i gotuj na małym ogniu przez 6 do 8 godzin. W razie potrzeby zagęść soki skrobią kukurydzianą i podawaj z ryżem.
2. Służy 4.

Uda z indyka rancza

SKŁADNIKI

- 3 uda z indyka

- Sól i pieprz

- 1 koperta mieszanki sosu enchilada

- 1 puszka (6 uncji) koncentratu pomidorowego

- 1/2 szklanki wody

- 2 szklanki startego sera Monterey Jack

- 1/2 szklanki kwaśnej śmietany

- 1/4 szklanki posiekanej zielonej cebuli

- 1 puszka (4 uncje) pokrojonych w plasterki dojrzałych oliwek

PRZYGOTOWANIE

1. Każde udo z indyka przekrój na pół i usuń kość. Indyka posyp solą i pieprzem i ułóż w naczyniu wolnowarowym.

2. Połącz mieszankę sosu enchilada, koncentrat pomidorowy i wodę; mieszaj, aż dobrze się wymiesza. Rozsmaruj mieszaninę sosu na udach indyka.
3. Przykryj i gotuj na poziomie LOW przez 6 do 7 godzin lub do momentu, aż indyk będzie miękki. Ustaw sterowanie na WYSOKIE; dodać ser i dalej mieszać, aż ser się rozpuści.
4. Przełożyć na półmisek i posypać kwaśną śmietaną i posiekaną zieloną cebulą.
5. Udekoruj pokrojonymi w plasterki dojrzałymi oliwkami.
6. Podawaj z tortillami i łatwym ryżem meksykańskim, jeśli chcesz.
7. Porcja od 4 do 6.

Zapiekanka z indykiem i ryżem Crockpot

SKŁADNIKI

- 2 puszki (po 10 3/4 uncji) skondensowanej zupy kremowo-grzybowej
- 3 szklanki wody
- 3 szklanki przetworzonego białego ryżu długoziarnistego (niegotowanego)
- 1 szklanka pokrojonego w cienkie plasterki selera
- 2 do 3 szklanek gotowanego indyka pokrojonego w kostkę
- 2 szklanki mrożonych warzyw mieszanych (groch i marchewka, mieszanka orientalna itp.)
- 1 łyżeczka przyprawy do drobiu
- 1 łyżka suszonej, posiekanej cebuli

PRZYGOTOWANIE

1. Połącz zupę i wodę w powolnej kuchence. Dodaj pozostałe składniki i dobrze wymieszaj. Przykryj i gotuj przez 6 do 7 godzin na niskim poziomie lub około 3 do 3 1/2 godziny na wysokim poziomie, aż ryż będzie miękki, ale nie papkowaty.
2. Porcja od 4 do 6.

Gulasz z Indyka Z Pieczarkami I Śmietaną

SKŁADNIKI

- 1 funt kotletów lub kotletów z indyka, pokrojonych w paski o wymiarach 3 x 1 cal

- 1 średnia cebula, przekrojona na pół i pokrojona w cienkie plasterki

- 3 zielone cebule z zieloną, posiekaną

- 8 uncji pokrojonych w plasterki świeżych grzybów

- 3 łyżki mąki uniwersalnej

- 1 szklanka mleka lub pół na pół

- 1 łyżeczka suszonego estragonu liściastego, pokruszonego

- 1 łyżeczka suszonej pietruszki

- 1 łyżeczka soli

- 1/8 łyżeczki pieprzu

- 1/2 szklanki mrożonego groszku i marchewki

- 1/2 szklanki kwaśnej śmietany

PRZYGOTOWANIE

1. W powolnej kuchence ułóż paski indyka, cebulę i grzyby. Przykryj i gotuj na poziomie LOW przez 4 godziny. Wyjmij do ciepłej miski, a następnie ustaw wolnowar na WYSOKI.
2. Połącz mąkę z mlekiem, aż mąka się rozpuści i mieszanina będzie gładka; wmieszać do soku w powolnej kuchence. Dodać estragon, natkę pietruszki, sól i pieprz. Włóż indyka i warzywa do garnka; dodać mrożone warzywa. Przykryj i gotuj na

poziomie WYSOKIM przez 1 godzinę lub do momentu, aż sos zgęstnieje, a warzywa będą gotowe.
3. W razie potrzeby tuż przed podaniem dodać śmietanę. W razie potrzeby podawaj z ryżem lub tostami.
4. Służy 4.

Easy Crockpot Tetrazzini z indyka

SKŁADNIKI

- 1 szklanka gorącej wody
- 1 puszka (10 3/4 uncji) kremu z rosołu lub kremu z kurczaka z ziołami
- 1 puszka (4 uncje) grzybów z płynem
- 2 łyżki posiekanego pimiento
- 2 szklanki pokrojonego w kostkę gotowanego indyka
- 1 szklanka startego sera Cheddar
- 1/4 szklanki drobno posiekanej cebuli
- 1 łyżeczka suszonych płatków pietruszki
- odrobina gałki muszkatołowej
- 2 szklanki połamanego, niegotowanego spaghetti

PRZYGOTOWANIE

1. Spryskaj wnętrze garnka wolnowarowego aromatyzowanym sprayem do gotowania. W misce wymieszaj wodę, zupę, grzyby z płynem i pimiento. Wymieszaj indyka, ser, cebulę, pietruszkę i gałkę muszkatołową. Dodaj połamane spaghetti. Mieszamy do połączenia i wlewamy do garnka. Przykryj i gotuj na poziomie LOW przez 4 do 6 godzin, aż spaghetti będzie miękkie. Wymieszaj przed podaniem. Porcja od 4 do 6.

Sos Spaghetti Vickie z kiełbaską z indyka

SKŁADNIKI

- 6 uncji pasty pomidorowej
- 16 uncji duszonych pomidorów
- 8 uncji sosu pomidorowego
- 28 uncji pomidorów z puszki, odsączonych
- 1/2 szklanki czerwonego wina
- 1/2 szklanki wody
- 1/2 łyżeczki cukru
- 1/8 łyżeczki suszonych liści oregano
- 1/8 łyżeczki suszonych liści bazylii
- 1 liść laurowy
- 1 1/2 łyżeczki przyprawy włoskiej
- 1 łyżeczka chili w proszku
- 2 łyżeczki czosnku, posiekanego
- 1 funt piersi z indyka, ugotowanej i pokrojonej w kostkę
- 1/2 funta włoskiej kiełbasy z indyka, gotowanej, pokrojonej w plasterki
- 2 cebule, pokrojone w plasterki
- 1 papryka pokrojona w plasterki
- 1/2 łyżeczki soli, opcjonalnie

PRZYGOTOWANIE

1. Połącz wszystkie składniki w garnku. Przykryj i gotuj na poziomie LOW przez 8 do 10 godzin.
2. Porcja od 10 do 12. Można zamrozić.

Pierś z indyka duszona w winie

SKŁADNIKI

- 1 cała pierś z indyka bez kości (około 3 funtów)
- 1 średnia cebula, przekrojona na pół i pokrojona w cienkie plasterki
- 1/2 łyżeczki tymianku
- 1 duży ząbek czosnku, pokrojony w cienkie plasterki
- sól i pieprz do smaku
- 1/4 szklanki wina Madera
- 1 łyżka miodu
- 1 do 2 uncji suszonych grzybów, takich jak Borowiki, namoczonych w 1/4 szklanki wody
- 1 łyżka skrobi kukurydzianej zmieszana z 2 łyżkami zimnej wody

PRZYGOTOWANIE

1. Wyjmij pierś z indyka z opakowania i siatki i opłucz pod zimną wodą; osuszyć. Umieść pierś z indyka w powolnej kuchence; dodać cebulę, tymianek, czosnek, sól i pieprz, wino, miód i grzyby wraz z płynem do namaczania. Przykryj i gotuj na małym ogniu przez 8 do 10 godzin. Na ostatnie 30 minut wlej płyn do pojemnika, aby w razie potrzeby odsączyć nadmiar tłuszczu i ponownie przelej bulion do garnka. Wymieszaj mieszaninę skrobi kukurydzianej i kontynuuj gotowanie, aż będzie gładka i zgęstniała.

2. Porcja od 5 do 6.

Jabłkowa Betty

SKŁADNIKI

- 3 funty do gotowania jabłek, Rome, Granny Smith, Jonathan itp.

- 10 kromek chleba pokrojonych w kostkę, około 4 szklanek chleba w kostkach

- 1/2 łyżeczki. mielony cynamon

- 1/4 łyżeczki. zmielona gałka muszkatołowa

- 1/8 łyżeczki. sól

- 3/4 szklanki brązowego cukru, zapakowane

- 1/2 szklanki roztopionego masła

PRZYGOTOWANIE

1. Jabłka umyć, obrać, wydrążyć gniazda nasienne, pokroić w ósemki. Powinieneś mieć około 7 do 8 szklanek pokrojonych w plasterki jabłek. Na dnie garnka wysmarowanego masłem ułóż plasterki jabłka. Połącz kostki chleba z cynamonem, gałką muszkatołową, solą, cukrem, masłem; rzucić razem. Ułożyć na wierzchu jabłek w garnku. Przykryj i gotuj na poziomie LOW przez 2 1/2 do 4 godzin.
2. Serwuje 6.

masło jabłkowe

SKŁADNIKI

- 7 szklanek musu jabłkowego, naturalnego

- 2 szklanki cydru jabłkowego

- 1 1/2 szklanki miodu

- 1 łyżeczka mielonego cynamonu

- 1/4 łyżeczki mielonych goździków, opcjonalnie

- 1/2 łyżeczki ziela angielskiego

PRZYGOTOWANIE

1. W powolnej kuchence połącz wszystkie składniki. Przykryj i gotuj na poziomie LOW przez 14 do 15 godzin lub do momentu, aż mieszanina stanie się ciemnobrązowa.
2. Włóż gorące masło jabłkowe do gorących, wysterylizowanych słoików i zamknij, a następnie przetwarzaj pół pinty lub pinty przez 10 minut we wrzącej łaźni wodnej.
3. Na 4 litry lub 8 półlitrowych słoików.

xJabłkowo-kokosowy chrupek

SKŁADNIKI

• 4 duże jabłka Granny Smith, wydrążone, obrane i grubo posiekane (około 4 filiżanek)

• 1/2 szklanki słodzonych płatków kokosowych

• 1 łyżka mąki

• 1/3 szklanki brązowego cukru

• 1/2 szklanki polewy toffi lub lodów karmelowych (beztłuszczowa będzie w porządku)

• 1/2 łyżeczki cynamonu

• 1/3 szklanki mąki

• 1/2 szklanki szybkich płatków owsianych

•
2 łyżki masła

PRZYGOTOWANIE

1. W naczyniu do pieczenia o pojemności 1 1/2 litra, które mieści się w powolnej kuchence/Crock Pot, połącz jabłka z kokosem, 1 łyżkę mąki, 1/3 szklanki brązowego cukru i cynamon. Posmaruj polewą lodową. Połącz pozostałe składniki w małej misce za pomocą widelca lub foremki do ciasta i posyp mieszaniną jabłek. Przykryj i gotuj na wysokim ogniu przez 2 1/2 do 3 godzin, aż jabłka będą miękkie. Podawać na ciepło z lodami waniliowymi lub bitą polewą.

Chrupki Jabłkowo-Żurawinowe

SKŁADNIKI

- 3 duże jabłka, obrane, wydrążone i pokrojone w plasterki
- 1 szklanka żurawiny
- 3/4 szklanki brązowego cukru
- 1/3 szklanki płatków owsianych (szybkie gotowanie)
- 1/4 łyżeczki. sól
- 1 łyżeczka. cynamon
- 1/3 szklanki miękkiego masła

PRZYGOTOWANIE

1. Do wolnowaru włóż plasterki jabłka i żurawinę. Wymieszaj pozostałe składniki w misce; posypać wierzch jabłkami i żurawiną. Połóż 4 lub 5 ręczników papierowych na wierzchu wolnowaru i umieść na wierzchu przybory, takie jak drewniana łyżka, aby zapobiec szczelnemu zamknięciu pokrywy. Załóż pokrywę na górę. Dzięki temu para może uciec. Włącz wolnowar na maksymalną moc i gotuj przez około 2 godziny.
2. Służy 4.

Kompot Jabłkowo-Żurawinowy

SKŁADNIKI

- 6 gotowanych jabłek, obranych, wydrążonych i pokrojonych w plasterki
- 1 szklanka świeżej żurawiny
- 1 szklanka granulowanego cukru
- 1/2 łyżeczki startej skórki pomarańczowej
- 1/2 szklanki wody
- 3 łyżki wina porto lub soku pomarańczowego
- gęsta śmietanka, opcjonalnie

PRZYGOTOWANIE

1. W wolnowarze ułóż plasterki jabłka i żurawinę. Posyp owoce cukrem. Dodać skórkę pomarańczową, wodę i wino. Mieszaj, aby wymieszać składniki. Przykryj, gotuj na poziomie LOW przez 4 do 6 godzin, aż jabłka będą miękkie. Podawać ciepłe owoce z sokami, ewentualnie polane śmietaną.
2. Serwuje 6.

Pudding jabłkowo-daktylowy

SKŁADNIKI

- 5 jabłek Jonathan lub Granny Smith, obranych, wypestkowanych i pokrojonych w kostkę (lub inne jabłka do gotowania)
- 3/4 szklanki granulowanego cukru
- 1/2 szklanki posiekanych daktyli
- 1/2 szklanki prażonych, posiekanych orzechów pekan•
- 2 łyżki mąki
- 1 łyżeczka proszku do pieczenia
- 1/8 łyżeczki soli
- 1/4 łyżeczki gałki muszkatołowej
- 1/4 łyżeczki cynamonu
- 2 łyżki roztopionego masła
- 1 roztrzepane jajko

PRZYGOTOWANIE

1. W powolnym naczyniu umieść jabłka, cukier, daktyle i orzechy pekan; wymieszać do połączenia. W osobnej misce wymieszaj mąkę, proszek do pieczenia, sól, gałkę muszkatołową i cynamon; wymieszać z masą jabłkową. Całość polać roztopionym masłem i wymieszać. Wmieszać roztrzepane jajko. Przykryj i gotuj na poziomie LOW przez 3 do 4 godzin. Podawać na ciepło.
2. •Aby prażyć orzechy, rozłóż je w jednej warstwie na blasze do pieczenia. Piec w piekarniku nagrzanym na 350°, od czasu do czasu mieszając, przez 10 do 15 minut.
3. Możesz też smażyć tosty na nienatłuszczonej patelni na średnim ogniu, mieszając, aż uzyskasz złoty kolor i aromat.

Sernik Jabłkowo-Orzechowy

SKŁADNIKI

-

Skorupa:

- 1 szklanka (niewielka) okruszków krakersów graham
- 1/2 łyżeczki cynamonu
- 2 łyżki cukru
- 3 łyżki roztopionego masła
- 1/4 szklanki drobno posiekanych orzechów pekan lub orzechów włoskich

-

Pożywny:

- 16 uncji serka śmietankowego
- 1/4 szklanki brązowego cukru
- 1/2 szklanki granulowanego białego cukru
- 2 duże jajka
- 3 łyżki gęstej śmietany do ubijania
- 1 łyżka skrobi kukurydzianej
- 1 łyżeczka wanilii

-

Byczy:

- 1 duże jabłko, pokrojone w cienkie plasterki (około 1 1/2 szklanki)
- 1 łyżeczka cynamonu
- 1/4 szklanki cukru

- 1 łyżka drobno posiekanych orzechów pekan lub orzechów włoskich

PRZYGOTOWANIE
1. Połącz składniki ciasta; wklep w 7-calową tortownicę.
2. Ubijaj cukier w serek śmietankowy, aż będzie gładki i kremowy. Ubić jajka, śmietanę, skrobię kukurydzianą i wanilię. Ubijaj przez około 3 minuty na średniej prędkości ręcznego miksera elektrycznego. Wlać mieszaninę do przygotowanego ciasta.
3. Połącz plasterki jabłka z cukrem, cynamonem i orzechami; Nałóż równomiernie polewę na wierzch sernika. Umieść sernik na stojaku (lub „pierścieniu" z folii aluminiowej, aby nie wystawał na dno garnka) w Crock Pot.
4. Przykryj i gotuj na wysokim ogniu przez 2 1/2 do 3 godzin.
5. Pozostawić w naczyniu pod przykryciem (po wyłączeniu) na około 1 do 2 godzin, aż ostygnie na tyle, że będzie można go używać.
6. Dokładnie ostudź przed zdjęciem boków patelni.
7. Schłodzić przed podaniem; przechowuj resztki w lodówce.

8. Piekarnik: Piec w temperaturze 325° F przez około 45 minut do 1 godziny, następnie wyłączyć piekarnik i pozostawić w piekarniku do ostygnięcia na około 4 godziny.

Ciasto kawowe z jabłkami

SKŁADNIKI

- Jabłkowa mieszanka:

- 1 puszka (20 uncji) nadzienia do szarlotki, kawałki jabłek nieco posiekane

- 1/2 łyżeczki cynamonu

- 3 łyżki brązowego cukru

- .

- Ciasto Ciasto:

- 2 małe mieszanki żółtych ciast (Jiffy – po 9 uncji każde)

- 2 roztrzepane jajka

- 1/2 szklanki kwaśnej śmietany (jasnej)

- 3 łyżki miękkiego masła lub margaryny

- 1/2 szklanki skondensowanego mleka

- 1/2 łyżeczki cynamonu

- 1 łyżeczka masła lub margaryny do natłuszczenia wolnowaru

PRZYGOTOWANIE

1. Połącz składniki na masę jabłkową w małej misce. Połącz składniki ciasta; Dobrze wymieszać. Obficie posmaruj masłem boki i spód wolnowaru / garnka o pojemności 3 1/2 litra. Na dnie garnka rozsmaruj około połowy mieszanki jabłkowej. Wyłóż 1/2 ciasta na masę jabłkową. Na ciasto wyłóż pozostałą mieszaninę jabłek, a następnie przykryj pozostałym ciastem. Przykryj i gotuj na wysokim poziomie przez 2 do 2 1/2 godziny.

2. Wyłącz ogień, lekko uchyl pokrywkę i studź przez około 15 minut. Odwróć na talerzu, wyjmij jabłka pozostawione na dnie garnka i ułóż je na wierzchu ciasta. Tworzy ciasto o średnicy około 7 cali i wysokości 3 1/2 cala.

Odmiany:

1. Zastąp nadzienie brzoskwiniowe lub inne

3. Do mieszanki jabłkowej dodaj posiekane orzechy pekan lub orzechy włoskie

Ciasto Jabłkowe

SKŁADNIKI

- 2 szklanki granulowanego cukru
- 1 szklanka oleju roślinnego
- 2 jajka
- 2 łyżeczki ekstraktu waniliowego
- 2 filiżanki mąki uniwersalnej
- 1 łyżeczka sody oczyszczonej
- 1 łyżeczka gałki muszkatołowej
- 2 szklanki gotowanych jabłek, nieobranych, pozbawionych gniazd nasiennych i drobno posiekanych
-
1 szklanka posiekanych orzechów włoskich

PRZYGOTOWANIE

1. W dużej misce miksera wymieszaj cukier, olej, jajka i wanilię. Dodaj mąkę, sodę i gałkę muszkatołową; Dobrze wymieszać.
2. Spryskaj dwufuntową puszkę sprayem kuchennym lub tłuszczem i obficie ją mąką lub użyj innego naczynia do pieczenia, które zmieści się w Twojej powolnej kuchence.
3. Ciasto wlać do puszki lub naczynia do pieczenia, wypełniając do 2/3 wysokości.

4. Umieść go w garnku Crock-Pot lub powolnej kuchence. Nie dodawaj wody do garnka.
5. Przykryj, ale pozostaw lekko uchyloną, aby umożliwić ujście pary.
6. Gotuj na wysokim poziomie od 3 1/2 do 4 godzin. Nie zaglądaj przed ostatnią godziną pieczenia.
7. Ciasto jest gotowe, gdy góra jest już ustawiona.
8. Pozostawić w puszce na kilka minut przed wylaniem na talerz. Podawać z bitą polewą, słodzoną bitą śmietaną lub sosem deserowym.

Chleb Orzechowo-Molowy

SKŁADNIKI

- 3/4 szklanki suszonych moreli
- 1 szklanka mąki
- 2 łyżeczki proszku do pieczenia
- 1/4 łyżeczki sody oczyszczonej
- 1/2 łyżeczki soli
- 1/2 szklanki granulowanego cukru
- 1/2 szklanki mąki pełnoziarnistej
- 3/4 szklanki mleka
- 1 jajko, lekko ubite
- 1 łyżka startej skórki pomarańczowej
- 1 łyżka oleju roślinnego
- 1 szklanka grubo posiekanych orzechów pekan

PRZYGOTOWANIE

1. Połóż morele na desce do krojenia i posyp je 1 łyżką mąki. Zanurz nóż w mące i drobno posiekaj suszone morele. Często posypuj nóż mąką, aby morele się nie sklejały. Do dużej miski przesiej pozostałą mąkę, proszek do pieczenia, sodę oczyszczoną, sól i cukier. Wmieszać mąkę pełnoziarnistą. Połącz mleko, jajko, skórkę pomarańczową i olej. Wmieszać do mieszanki mąki.
2. Dodaj pokrojone morele, pozostałą na desce mąkę i posiekane orzechy pekan. Wlać do dobrze natłuszczonej, oprószonej mąką formy do pieczenia lub innego żaroodpornego naczynia do

pieczenia lub zapiekanki, które mieszczą się w Twojej powolnej kuchence. Przykryj i umieść na ruszcie (lub zmiętej folii) w powolnej kuchence, ale podważ pokrywkę lekko uchylając skrętem folii, aby wypuścić nadmiar pary. Gotuj chleb z orzechami morelowymi na poziomie High przez 4 do 6 godzin. Studzimy na kratce przez 10 minut. Podawać na ciepło lub na zimno.
3. Na 4 do 6 porcji.

pieczone jabłka

SKŁADNIKI

- 6 dużych jabłek do gotowania

- 3/4 szklanki soku pomarańczowego

- 2 łyżeczki startej skórki pomarańczowej

- 1 łyżeczka startej skórki z cytryny

- 3/4 szklanki różowego wina lub soku żurawinowo-jabłkowego
- 1/4 łyżeczki cynamonu
- 1/2 szklanki jasnego brązowego cukru

- bita śmietana

PRZYGOTOWANIE

1. Usuń gniazda nasienne z jabłek i włóż je do wolnowaru. W małej misce połącz sok pomarańczowy, startą skórkę pomarańczową, startą skórkę z cytryny, wino lub sok, cynamon i brązowy cukier. Wylać na jabłka. Przykryj garnek i gotuj na małym ogniu przez około 3 1/2 godziny lub do momentu, aż jabłka będą miękkie. Lekko ostudzić i podawać z bitą śmietaną lub bitą polewą.

Pieczone Jabłka II

SKŁADNIKI

- 6 do 8 średnich jabłek do gotowania (McIntosh, Rome Beauty, Granny Smith, Fuji, Jonathan itp.)
- 2 do 3 łyżek rodzynek
- 1/4 szklanki granulowanego cukru
- 1 łyżeczka cynamonu, podzielona
- 2 łyżki masła, pokrojonego na małe kawałki

PRZYGOTOWANIE

1. Usuń trochę skórki z wierzchu jabłek i usuń gniazda nasienne.
2. W misce wymieszaj rodzynki, cukier i 1/2 łyżeczki cynamonu; wypełnić środek jabłka.
3. Włóż jabłka do wolnowaru i posyp resztą cynamonu. Połóż kropki kawałkami masła.
4. Zalej jabłka 1/2 szklanki ciepłej wody.
5. Przykryj i gotuj na poziomie LOW przez 6 do 8 godzin, aż jabłka będą miękkie.

Pieczony krem

SKŁADNIKI

- 3 jajka, lekko ubite

- 1/3 szklanki granulowanego cukru

- 1 łyżeczka wanilii

- 2 szklanki mleka

-

1/4 łyżeczki mielonej gałki muszkatołowej

PRZYGOTOWANIE

1. W misce miksującej połącz jajka, cukier, wanilię i mleko; Dobrze wymieszać. Wlać do lekko wysmarowanej masłem formy do pieczenia lub sufletu o pojemności 1 lub 1 1/2 litra, która zmieści się w powolnej kuchence, i posypać gałką muszkatołową. Umieść stojak lub pierścień z folii aluminiowej w powolnej kuchence, następnie dodaj 1 1/2 do 2 szklanek gorącej wody do garnka. Przykryj naczynie do pieczenia folią aluminiową i umieść je na ruszcie w garnku. Przykryj i gotuj na wysokim poziomie przez 2 1/2 do 3 godzin lub do momentu ustawienia.
2. Porcja od 4 do 6.

Bananowy chleb

SKŁADNIKI

- 1/3 szklanki tłuszczu

- 1/2 szklanki cukru

- 2 jajka

- 1 3/4 szklanki mąki

- 1 łyżeczka proszku do pieczenia

- 1/2 łyżeczki soli

- 1/2 łyżeczki sody oczyszczonej

- 1 szklanka puree z bananów

- 1/2 szklanki rodzynek lub posiekanych daktyli

- 1/2 szklanki posiekanych orzechów pekan, opcjonalnie

PRZYGOTOWANIE

1. W misie miksującej utrzeć na śmietanę tłuszcz i cukier; dodać jajka i dobrze ubić. Dodawaj suche składniki na zmianę z puree bananowym; dodaj rodzynki lub posiekane daktyle i posiekane orzechy pekan, jeśli używasz. Nasmaruj tłuszczem puszkę na 4 szklanki i wlej do niej ciasto. Przykryj górę puszki od 6 do 8 warstwami ręcznika papierowego; i umieść na ruszcie w kuchence. Przykryj garnek i gotuj na poziomie WYSOKIM przez 2 do 3 godzin (lub do momentu, aż chleb będzie gotowy). Udostępnione na forum.

Chleb Bananowo Orzechowy

SKŁADNIKI

- 1 szklanka masła lub margaryny
- 2 szklanki cukru
- 4 jajka
- 1/4 łyżeczki soli
- 2 łyżeczki sody
- 4 szklanki mąki
- 6 dużych bananów, bardzo dojrzałych, rozgniecionych
- 1 szklanka drobno posiekanych orzechów pekan

PRZYGOTOWANIE

1. Utrzyj masło i cukier. Dodawaj jajka, jedno po drugim, ubijając po każdym dodaniu. Przesiej razem suche składniki; dodać do ubitej masy. Wymieszaj banany i posiekane orzechy pekan.
2. Wlać ciasto bananowo-orzechowe do 2 dobrze natłuszczonych foremek; piec w temperaturze 325°C przez około 1 godzinę i 15 minut lub do momentu, aż wykałaczka wbita w środek będzie czysta. Z tego przepisu na chleb bananowo-orzechowy wychodzą 2 bochenki.

Kandyzowane banany

SKŁADNIKI

- 6 dojrzałych, ale twardych bananów, obranych
- 1/2 szklanki płatków kokosowych
- 1/2 łyżeczki mielonego cynamonu
- 1/4 łyżeczki soli
- 1/2 szklanki ciemnego syropu kukurydzianego
- 1/4 szklanki roztopionego masła
- 1 łyżka startej skórki z cytryny
- 3 do 4 łyżek soku z cytryny (1 średnia cytryna)

PRZYGOTOWANIE

1. Ułóż obrane banany na dnie garnka; posypać kokosem, cynamonem i solą.
2. Połącz ciemny syrop kukurydziany, masło, skórkę cytryny i sok; wylać na warstwę bananów.
3. Przykryj i gotuj na poziomie LOW przez 1 1/2 do 2 godzin.

Jabłka Karmelowe

SKŁADNIKI

- 2 opakowania (14 uncji każde) karmelków
- 1/4 szklanki wody
- 8 średnich jabłek, np. McIntosh, Gala lub Fuji
- patyczki do jabłek

PRZYGOTOWANIE

1. W powolnej kuchence połącz karmelki z wodą. Przykryj i gotuj na wysokim ogniu przez 1 do 1 1/2 godziny lub do momentu, aż karmelki się rozpuszczą, często mieszając.
2. W międzyczasie wyłóż blachę do pieczenia papierem woskowanym; posmaruj papier.
3. Umyj i osusz jabłka. Włóż patyczek w końcówkę łodygi każdego jabłka. Zmniejsz temperaturę garnka do NISKIEJ.
4. **Notatka:** Jeśli karmel się przypali, przetrzyj go przez sitko i usuń ciemne cząstki.
5. Włóż sos do rondla lub z powrotem do wyczyszczonej wolnowaru i trzymaj w cieple podczas zanurzania jabłek.
6. Zanurz jabłko w gorącym karmelu; obróć, aby pokryć całą powierzchnię. Trzymając jabłko nad garnkiem, zeskrob nadmiar karmelu z dolnego jabłka.
7. Połóż pokryte jabłka na przygotowanym papierze woskowanym w formie. Gdy zbliżysz się do dna garnka, za pomocą łyżki nałóż gorący karmel na jabłka. Blachę z panierowanymi jabłkami wkładamy do lodówki, aby dokładnie stwardniała. Zachowaj

ostrożność, jeśli dzieci pomagają; garnek będzie prawdopodobnie dość gorący w dotyku, a karmel może się poparzyć.
8. Na 8 karmelowych jabłek.

Fondue z karmelowym rumem

SKŁADNIKI

- 1 torebka (14 uncji) uncji karmelków
- 2/3 szklanki gęstej śmietany lub śmietanki do ubijania
- 1/2 szklanki miniaturowych pianek marshmallow
- 2 do 3 łyżeczek rumu lub 1/2 łyżeczki ekstraktu rumowego

PRZYGOTOWANIE

1. Połącz karmelki i bitą śmietanę w powolnej kuchence. Przykryj i gotuj na LOW, aż karmelki się rozpuszczą, około 1 1/2 godziny. Wymieszaj pianki marshmallow i aromat rumowy, aż dobrze się wymieszają. Przykryj i kontynuuj gotowanie przez około 30 minut dłużej.
2. Podawać z kawałkami jabłek, kostkami ciasta biszkoptowego lub stosować jako sos do pierników lub lodów.

Wiśniowy Chrupek

SKŁADNIKI

- 1 puszka (21 uncji) nadzienia do ciasta wiśniowego
- 2/3 szklanki brązowego cukru
- 1/2 szklanki szybko gotujących się płatków owsianych
- 1/2 szklanki mąki
- 1 łyżeczka wanilii
- 1/3 szklanki miękkiego masła

PRZYGOTOWANIE

1. Lekko posmaruj masłem wolnowar/garnek o pojemności 3 1/2 litra. Umieść nadzienie z ciasta wiśniowego w powolnej kuchence/Crock Pot. Połącz suche składniki z wanilią i dobrze wymieszaj; pokroić w masło za pomocą foremki do ciasta lub widelca. Nadzienie z wiśniowego ciasta posypujemy okruszkami. Gotuj przez 5 godzin na małym ogniu.

Klastry Czekoladowe

SKŁADNIKI

- 2 funty białej kory migdałowej lub białej czekolady do maczania
- 4 uncje niemieckiej słodkiej czekolady lub mlecznej czekolady do maczania
- 1 opakowanie półsłodkich kawałków czekolady (12 uncji)
-

24 uncje suszonych prażonych orzeszków ziemnych

PRZYGOTOWANIE

1. Umieść wszystkie składniki w garnku; przykryć i gotować na wysokim poziomie przez 1 godzinę. Nie mieszaj. Ustaw Crock Pot na niski i mieszaj co 15 minut przez 1 godzinę dłużej. Upuść na woskowany papier i pozostaw do ostygnięcia. Cukierki przechowuj w szczelnie zamkniętym pojemniku.

www.ingramcontent.com/pod-product-compliance
Lightning Source LLC
Chambersburg PA
CBHW050349120526
44590CB00015B/1624